A Monsieur Léopold Delisle,

Hommage respectueux d'un de ses obscurs admirateurs

Lere' Depoin

LE LIVRE DE RAISON

1551

DE

JEAN-BAPTISTE LE MAISTRE

ADMINISTRATEUR PONTOISIEN

LE

LIVRE DE RAISON

DE

JEAN-BAPTISTE LE MAISTRE

ADMINISTRATEUR PONTOISIEN

(1650-1722)

Précédé d'une Introduction

PAR M. E. SERÉ-DEPOIN

PRÉSIDENT DE LA SOCIÉTÉ HISTORIQUE DU VEXIN

Ancien Maire de Pontoise

PONTOISE

IMPRIMERIE DE AMÉDÉE PARIS

LUCIEN PARIS, SUCCESSEUR

1895

LE LIVRE DE RAISON

DE

JEAN-BAPTISTE LE MAISTRE

ADMINISTRATEUR PONTOISIEN

(1650-1722)

PRÉCÉDÉ D'UNE INTRODUCTION

Par M. E. SERÉ-DEPOIN

Président de la Société Historique du Vexin

I

Les Livres de Comptes et de Raison

On recherche de nos jours avec avidité les livres de comptes et de raison, les journaux de famille, les notes de dépenses, les registres d'ordre et d'affaires, tenus en permanence aux siécles passés par nos aïeux, relatant sur l'heure, les mutations, les œuvres, les événements accomplis dans leur vie privée, et tout ce qui intéresse leur milieu familial.

Ces manuscrits qui constituent une des sources vives les plus sûres de l'histoire des mœurs anciennes, renferment par surcroît, sur les événements extérieurs, des échappées dont s'éclaire l'histoire générale. Leurs auteurs y relèvent avec simplicité, exclusivement à leur profit et pour l'enseignement de leurs enfants, ce qu'ils font, ce qu'ils voient, ce qu'ils pensent. Prenant les devants sur les tabellions « du roy notre sire », ils procèdent, sans formules interminables et sans répétitions agaçantes, à leur propre inventaire avant décès, en l'accommodant de remarques et de communications souvent piquantes et toujours instructives. On peut dire de ces pères de famille sensibles et prévoyants, de ces écrivains de circonstance recommandables par leur impartialité, leur sincérité et leur bonne foi, que ce sont les vrais historiens de leur temps.

Il ne faudrait pas confondre les humbles rédacteurs de ces mémoires de l'intimité domestique, qui n'ont jamais soupçonné, ni entrevu, ni désiré la publicité de leur œuvre, avec les auteurs mondains des mémoires prétentieux et frelatés, publiés en si grand nombre dans la deuxième moitié du XVIIIe siècle, au seul profit d'ambitieuses personnalités ou de fallacieuses théories sociales. Cet orgueil et cette idéologie ne sauraient s'accorder avec la bonhomie et la franchise des patrons des livres de raison.

La plupart de ces œuvres familiales — les préférées — devancent le XVIIIe siècle. On en rencontre dans toutes les classes de la société où elles apparaissent sous les formes les plus diverses. Ces confidences de la vie privée sont complètes, abrégées ou indirectes : — complètes ou très étendues chez le gentilhomme, le prêtre, le magistrat, le bourgeois qui, jouissant de grands loisirs, laissent après eux de véritables monographies ; — abrégées chez les gens pressés ou de condition modeste, qui s'en tiennent à la transcription sur les marges du livre de mariage, sur les versos, non imprimés, de la Bible ou de la Vie des Saints (livres que possédaient toutes les familles), des principaux événements de la maison : la naissance, le mariage, le décès, la filiation, les cérémonies religieuses ; — indirectes dans les registres des marchands dont chaque ligne, pour les chercheurs avisés, est une révélation précise et précieuse des usages locaux, un renseignement de première main sur l'emploi et le prix de toutes choses.

Certains vieux manuscrits de cet ordre, remplis d'obscurités et encombrés de redites, lassent trop souvent la patience du lecteur. Par amour pour la science, des commentateurs laborieux et studieux se sont attachés à déchiffrer et à vulgariser ces œuvres ancestrales et en ont fait ressortir, dans des publications claires et précises, l'importance et le mérite. Nous donnerons deux exemples saisissants de ces utiles entreprises.

On a publié dans les temps derniers le texte entier des *Livres de Comptes des frères Bonis*, marchands montalbanais du XIVe siècle [1], exposant, jour par jour, les opérations commerciales de cette maison pendant la période de 1339-1347. Trois énormes grands livres ont été mis sous les yeux des lecteurs. Comment se reconnaître dans des milliers d'articles qui les remplissent ? et quel parti en tirer au point de vue des enseignements de l'histoire ? M. Édouard Forestié, membre de la Société archéologique du Tarn-et-Garonne, s'est chargé, dans une brillante et savante introduction, de répondre à ces questions. Son travail lui a valu l'enviable honneur d'une lettre de félicitations de M. Léopold Delisle qui, résumant son œuvre, montre, d'un trait lumineux et rapide, ce que trouve un chercheur perspicace dans la comptabilité vermoulue d'une arrière-boutique du moyen âge :

« Votre introduction, écrit l'éminent directeur de la Bibliothèque Nationale, est un tableau fidèle et complet de la vie de nos pères au commencement de cette effroyable crise qui faillit anéantir la nationalité française. Vous nous initiez à toutes leurs habitudes religieuses, civiles et militaires. Vous nous renseignez sur leur façon de se nourrir, de se vêtir, de se loger, de se meubler, de se défendre, de se soigner, de s'enrichir et de pourvoir, par l'industrie et le commerce, à toutes leurs nécessités. Les comptes des frères Bonis sont si instructifs et vous les avez étudiés avec une si pénétrante sagacité, que vous n'avez guère eu besoin d'invoquer des témoignages étrangers pour remplir le vaste programme que vous vous étiez imposé ».

(1) Édouard Forestié. — *Les Livres de Comptes des frères Bonis, marchands montalbanais du* XIVe *siècle*. — Paris, Honoré Champion (1890-1893).

Après le livre de comptes d'un marchand gascon, contemporain du règne de Philippe de Valois, citons le livre de raison d'un gentilhomme normand vivant sous les règnes de Henri II et de Charles IX. Il s'agit d'un manuscrit, renfermant plus de quatre mille notes, arraché à l'oubli par l'initiative intelligente d'un laborieux érudit normand, l'abbé Tollemer, de Valognes, qui, soutenu par une volonté tenace, est parvenu à transformer le décousu, le pêle-mêle, la monotonie de ces notes obscures, en un attrayant volume intitulé : *Le Journal d'un sire de Gouberville* (1).

L'abbé Tollemer, bien inspiré, a su grouper sous des titres particuliers tous les détails épars concernant un même objet, rencontrés dans le manuscrit du gentilhomme campagnard. Grâce à cette excellente méthode, il a pu établir sur chaque matière une piquante étude historique dont la parole du sire de Gouberville — contrôlée, expliquée, complétée par des réflexions pleines de science et d'humour — a fourni tous les matériaux.

Aussi bien, rien ne nous échappe de la vie du sire de Gouberville ; nous connaissons sa famille, ses amis, ses serviteurs, son manoir, ses fermes, ses étables, ses herbages, ses bois, ses travaux, ses ouvriers, ses voyages, ses aventures, ses procès, ses armes, ses chasses, ses gibiers, ses boissons, les variétés de pommes de son verger, les légumes divers de son potager, ses repas, ses maladies, son médecin et ses apothicaires, les pratiques religieuses de sa maison, et, finalement, son testament. On vit dans ce volume toute la vie normande du Cotentin, du milieu de la Renaissance. C'est attrayant comme un roman tout en restant dans l'exacte vérité historique.

Ne sont-ce pas là des exemples sérieusement encourageants pour les vulgarisateurs qui ont voué, parmi nous, un véritable culte aux mœurs familiales du Passé ?

De ces intéressants documents, répandus autrefois dans toutes les familles, une importante partie a été détruite, quelques épaves ont été recueillies ; le reste repose dans

(1) L'abbé Tollemer. — *Le Journal d'un sire de Gouberville et du Mesnil-au-Val, gentilhomme campagnard, au Cotentin, de 1553 à 1562.* — Rennes, Oberthur et fils (1879).

les archives poudreuses de possesseurs indifférents qui n'en soupçonnent généralement ni l'existence ni la valeur.

Quelques mots sur la destruction de ces vénérables papiers paraîtront, ici, à leur place.

On a dit que le grand tapage fait autour des mémoires des philosophes et des encyclopédistes de la deuxième moitié du XVIIIe siècle, en effrayant les aimables et timides conteurs du bon vieux temps, avait tari la source de leurs épanchements et que la mode, impérieuse et tyrannique, autrefois comme aujourd'hui, avait relégué leurs notes intimes parmi les accessoires vermoulus d'antan. Ces mesquines considérations ont pu amener, en effet, dans la période précitée, la déconsidération et l'abandon d'un usage traditionnel ; mais elles ne suffisent pas à expliquer la disparition d'un nombre considérable de livres de raison des siècles antérieurs.

Il faut bien le reconnaître : malgré les idylles soupirées à la liberté par de vaniteux et inconscients rhéteurs, c'est la Révolution — source d'après eux de toutes les libertés — qui a décimé, sinon supprimé ces attachants monuments écrits d'un glorieux passé. Elle les a brûlés, sans miséricorde, sur les places publiques, au milieu des foules atterrées, déguisant leur effroi intérieur sous les dehors d'un enthousiasme non moins bruyant qu'obligatoire.

La bonne ville et les braves gens de Pontoise n'ont point pu se soustraire à ces affolements qui avaient envahi la France entière. Voici un extrait de nos registres municipaux attestant leur présence et leur participation à « la Fête civique du brûlement des papiers féodaux » :

Le 10e jour — jour de repos — de la 3e décade du 1er mois de l'an 2 (21 Octobre 1793).

..... La marche s'ouvre par les canonniers parisiens suivis de leurs frères d'armes de la garde parisienne, tambours et musique à leur tête ; puis venaient : le district à droite et le tribunal à gauche, le Conseil général au milieu, tous les autres corps à la suite ; après eux les deux bataillons de Pontoise marchant tambours battants et drapeaux déployés. — Le cortège, descendant de la place en passant par les rues du District et de la Roche, s'est rendu à la maison de l'Hôtel-Dieu pour y prendre les portraits et effigies à face royale de féodalité (*sic*) destinés au brûlement. Trois tombereaux qui en étaient chargés ont été mis au centre du cortège qui, passant par les rues

Basse et de l'Hôtel-Dieu et traversant toutes celles qui conduisent à la rue de la Coutellerie, est monté par cette rue, s'est rendu sur la grande place ou les portraits à effigie et face royale et une infinité d'objets appartenant à la royauté, à l'ancien régime et à la féodalité ont été jetés au feu au milieu des cris répétés par tous les citoyens : Vive la République ! L'hymne des Marseillais a été chanté, accompagné de : Vive la Nation ! Vive la République !

Ces livres qui brûlent, ces tableaux qui flambent, ces papiers qui crépitent, ces parchemins qui se tordent sur nos places publiques, c'était, sauf votre respect, chers lecteurs, et selon l'expression du temps, *ô tempora ! ô mores !* une œuvre b...igrement civique et patriotique, destinée, sans aucun jeu de mots, à éclairer le monde ! N'était-ce pas aussi, un peu, après 12 siècles de malédiction universelle, le retour aux barbares et néfastes procédés d'un certain Calife nommé Omar, dont les fidèles Arabes, conduits par le cruel Amrou, brûlèrent, jusqu'au dernier, les sept cent mille volumes de la Bibliothèque d'Alexandrie ? Mal avisé l'audacieux citoyen qui — devançant Camille Desmoulins dans sa fière et mordante apostrophe à Robespierre — eût osé s'écrier devant nos iconoclastes : Brûler n'est pas répondre !... Sa tête eût immédiatement roulé sous l'échafaud, comme y roula sans pitié celle de l'impétueux rédacteur, tardivement assagi, du *Vieux Cordelier*.

Ces grotesques Saturnales, d'autant plus déplorables qu'elles étaient inutiles, jetèrent, on le conçoit, dans un profond émoi, les partisans éclairés et convaincus de l'importance de la conservation des documents historiques. Il leur restait, toutefois, une dernière espérance. On avait livré aux flammes « une infinité d'objets appartenant à l'ancien régime, à la royauté et à la féodalité » ; mais, les papiers de famille, les manuscrits des ancêtres n'avaient-ils pas été exclus de l'autodafé populaire ? Espérance vaine et courte ! Quelques jours après ces événements, en exécution de la loi des Suspects, les commissaires des comités de surveillance révolutionnaire pénétraient dans le domicile des citoyens, bouleversant leurs armoires, leurs tiroirs, leurs cartons, et s'emparaient impitoyablement de tous leurs papiers. Il est à noter que ces sinistres perquisitions, dont on a conservé les détails authentiques, s'opéraient la nuit, entre une heure et trois heures du matin, avec accompagnement de soldats faubouriens de l'armée parisienne que des chefs farouches plaçaient en « sentinels » (*sic*) à la porte des suspects. Or, les suspects, c'était tout le monde, y compris parfois et par une ironie vengeresse, les commissaires eux-mêmes du comité de surveillance. Sans nous étendre davantage sur l'odieux de ces persécutions terroristes, nous en signalerons les conséquences inévitables et immédiates. Elles amenèrent l'anéantissement — perpétré en toute hâte, la mort dans l'âme, par leurs propres détenteurs — de la plupart des papiers de famille conservés jusques là, comme des reliques, au foyer domestique.

Voilà la cause principale de la rareté extrême des anciens journaux de famille. Heureusement ils n'ont pas complètement disparu et un certain nombre de ces manuscrits, recueillis à grand'peine, ont pu être publiés depuis quelques années. En agrandissant le domaine des connaissances historiques ils l'ont considérablement assaini et épuré ; si bien que les fantaisies de l'imagination, les faits sans preuve, les théories de parti pris, toutes ces scories déshonorant trop souvent l'histoire, sont en train de disparaître devant cette formule pleine de bon sens et de probité, née des pratiques nouvelles : La vérité vraie dans l'histoire vécue.

Les Sociétés Savantes de province auront eu une grande part dans cette rénovation historique. Leurs recherches persévérantes, leurs utiles publications ne cessent d'apporter la lumière sur les œuvres familiales du passé. La Société Française d'Archéologie, dont l'influence est si considérable dans le monde savant, s'est préoccupée de son côté « de l'importance des livres de raison au point de vue archéologique et artistique » et elle a inscrit cette question dans le programme de ses sessions régionales. A l'excursion faite à Brives (Corrèze), en 1890, un membre du Congrès, M. Louis Guilbert, relevant, dans un très savant mémoire, le nombre des manuscrits domestiques existant dans la contrée et constatant leur intérêt général, s'est attaché à montrer leur importance particulière au point de vue de l'archéologie du mobilier. Enfin la Sorbonne, lors des congrès annuels des Sociétés Savantes, montre les plus vives sympathies pour ces recherches et ces publications dont elle proclame bien haut l'importance au point de vue du perfectionnement de notre histoire nationale.

Notre Société du Vexin a fourni son contingent de recherches, d'études et de publications à cette œuvre d'utilité et de progrès. Le *Bourgeois de Gisors*, la *Ligue* et les *Jésuites*, à Pontoise, ont reproduit des faits historiques du plus grand intérêt, tirés de manuscrits privés conservés dans les archives de notre contrée. L'insertion dans nos Mémoires du *Journal* de Jean de Saint-Denis, et des *Notes* de M. Le Vallois, nous a initiés aux événements intimes et journaliers accomplis dans la capitale du Vexin français à dater de 1721 jusqu'à la Révolution, en nous laissant, toutefois, sans renseignements sur le premier quart du XVIIIe siècle et sur le XVIIe siècle tout entier.

Le manuscrit de Jean-Baptiste Le Maistre, récemment découvert, que nous livrons aujourd'hui à la publicité, comble une partie de ces lacunes en nous apportant sur la période écoulée, entre 1650 et 1722, des renseignements intimes, précis et authentiques dont le lecteur appréciera l'intérêt.

Avant de nous livrer à quelques commentaires sur ce livre de raison d'un administrateur pontoisien, qu'il nous soit permis d'adresser un pressant appel à nos studieux collègues et à tous ceux qui s'intéressent à la vulgarisation des études historiques, à l'effet d'obtenir leur concours actif et vigilant pour la découverte de nouveaux manuscrits. Nous pouvons les assurer du cordial accueil qui sera fait à leurs travaux dans les Mémoires de la Société du Vexin.

Réveillons le passé, honorons les ancêtres et n'oublions jamais la parole de Dom Estiennot : *Pereat memoria eorum per quos periit memoria majorum.*

II

Le Manuscrit de J.-B. Le Maistre (1)

Le manuscrit de J.-B. Le Maistre comprend huit feuilles in-folio d'une écriture droite, très nette, sans festons, sans astragales et sans ratures, tracée d'une main ferme sur du papier grand couronne d'un emploi courant au XVIIe siècle.

Le style en est correct, concis et clair. N'étaient les transitions d'une orthographe qui se modifie au cours du manuscrit et qui sont l'attestation d'une rédaction journalière, on dirait que le livre a été écrit d'un seul trait avec une même plume, tant les caractères graphiques sont réguliers et uniformes. A première vue le lecteur sent qu'il se trouve en face d'un écrivain féru d'ordre, réservé jusqu'à la froideur et inaccessible aux entraînements.

Voici un *fac-simile* de l'écriture de J.-B. Le Maistre réduite de moitié :

Le 21 Juillet 1720 le Parlement de Paris composé de toutes
Les chambres a esté Envoié a Pontoise pour rendre la Justice.
Le Palais a esté Etabli dans le couvent des cordeliers ou touttes les
chambres se sont plusieurs fois assemblées, la messe Rouge a esté
celebré dans l'Eglise des cordeliers le 24 novembre 1720 ou
Messieurs les Presidents au mortier Messieurs les gens du Roy et
cent quatre vingt conseillers ont assisté,
Le 4 decembre 1720 la declaration du Roy pour la constitution
a esté Enregistrée au Parlement ~~et le dix sept~~ du d' mois le Roy
a Envoié une declaration pour le retour du d' Parlement a Paris
qui a esté leue et Enregistrée le d' Jour dans la grande chambre
aux cordeliers, ainsi le Parlement a esté cinq mois a Pontoise

Sur les deux dernières pages du manuscrit on voit appa-

(1) Nous devons la communication de ce manuscrit à l'obligeance d'un éminent collectionneur, M. Paul Pinson, membre de la Société du Vexin, auquel nous adressons nos vifs remerciements.

raître soudainement et sans explication préalable une autre écriture qui se distingue absolument de la première par des allures féminines très accusées : on y rencontre en effet de longues lettres aux jambages effilés, un parfait fouillis dans l'arrangement des mots et des lignes et, finalement, des fantaisies d'orthographe hilarantes, le tout conformément d'ailleurs aux agréments graphologiques des dames de condition de cette époque.

Nous donnons ici un *fac-simile* de cette écriture :

Le 20 janvier 1727 md titon ma fille este ac
couché dunne fille tenue par Monsieur
oudaille seigneur de gillautrand oncle
de ma fille et la marein madame la
contesse de la selle qui leur a ces donnee
le non du parein [illegible]

La petite fille est morte 3 semaine appres chez
sa norrisse a Lieux et a etee enterree a la
porte de la chappelle de Md Le bel a la paroisse
de Lieux

L'auteur de ces jolies pattes de ... sauterelles est la propre fille de J.-B. Le Maistre, l'épouse de messire Pierre de Monthiers, seigneur du Fay, président, lieutenant-général du Bailliage de Pontoise. C'est elle qui continue, à la mort de son père, le livre de raison de la famille. On préjuge à l'écriture de cette excellente dame qu'elle est impressionnable et nerveuse. Toutefois, en présence de l'expression touchante de sa douleur à la perte de ses petits-enfants, il faut se hâter de rendre hommage à la bonté de son cœur et à l'élévation de ses sentiments. Ne s'écrie-t-elle pas, en effet, à la mort de sa petite-fille Marie-Louise Titon, âgée d'environ un an et demi : « .....Les espérances qu'elle donnait » et la ressemblance parfaite qu'elle avait de son cher père » nous a fait faire une perte en elle qui nous cause bien des » larmes... Elle a été inhumée dans l'église de Saint- » Pierre, en la chapelle de la Sainte-Vierge où je souhaite

» être enterrée auprès d'elle..... » On peut être plus correct, on ne saurait être plus tendre.

Le journal de J.-B. Le Maistre se termine par la mention, en dernière page, de quelques comptes de famille que nous relevons malgré leur insignifiance, parce qu'ils servent à expliquer la dénomination de Livre de Compte et de Raison, *liber rationis, liber rationum*, donné communément aux œuvres de cet ordre.

J.-B. Le Maistre nous introduit, au début de son mémoire, dans l'intimité de sa famille, une famille pontoisienne considérable par ses mérites, ses alliances et les hauts emplois qu'elle détient. Nous assistons jour par jour, pendant près d'un siècle (1650-1722), aux mouvements intérieurs de cette famille : à la naissance du maître de la maison, à son éducation, à son mariage, au baptême des enfants et à l'inhumation des grands-parents. Entre temps nous sommes témoins de la réception du chef de famille aux offices importants, aux charges variées dont il est investi, et nous recevons la confidence des puissantes influences qui le patronnent.

Cette représentation au naturel d'un intérieur pontoisien sous Louis XIV et sous la Régence n'est pas intéressante seulement au regard de la famille distinguée qui en est l'objet, elle l'est encore et surtout au point de vue de notre histoire locale qui s'y éclaire, à une grande époque, au tableau vivant des mœurs et des pratiques religieuses, judiciaires, administratives et municipales d'un groupe de grands officiers du Baillage, de l'Élection et de la Ville de Pontoise.

Nous avons parlé de l'intérêt que présente pour l'histoire intime de Pontoise, la publication, dans nos Mémoires, du *Journal* de Jean de Saint-Denis et des *Notes* de messire Le Vallois. Les révélations de ces deux respectables pontoisiens, très variées et très étendues, visent — et commentent, parfois avec originalité — la plupart des événements publics et privés accomplis de leur temps dans notre cité, voire au dehors. Le livre de J.-B. Le Maistre nous apporte pour le XVIIe siècle et le premier quart du XVIIIe, des renseignements non moins intéressants, mais plus localisés, plus personnels, et dans un ordre de matières beaucoup plus restreint.

Sous l'ancien régime les curés de paroisse, intimement mêlés aux populations, abordables aux gens de toutes les conditions, serviables au peuple et très justement populaires, donnaient leur avis en toute liberté de conscience, avec une bonhomie sans malice et dans des termes souvent plaisants, sur les événements du jour les plus divers.

J.-B. Le Maistre n'est ni si expansif, ni si communicatif, ni si jovial. Au temps et dans le milieu où il vit on est grave par état et silencieux par devoir. La porte de la sentimentalité chez les magistrats est aussi bien fermée aux épanchements du dehors qu'aux abandons du dedans. Saint-Simon déclarerait « au-dessous de tout » et considérerait comme « moins que rien » des parlementaires assez débonnaires et des gens du roi assez pusillanimes pour s'écarter, ne fût-ce qu'un instant, de la froide et austère réserve qui s'impose à leur situation et à leur caractère professionnel.

C'est l'explication du laconisme et de la brièveté des cahiers que nous soumettons au lecteur. Leur auteur n'y a voulu retracer absolument que les grandes lignes de sa vie. En raisonner les particularités, en développer les accessoires, restera l'affaire des siens pour lesquels le livre est uniquement écrit, et qui sauront bien s'y reconnaître.

Mais, *habent sua fata libelli !* Voici le livre intime tombé dans les mains du public. J.-B. Le Maistre n'avait pas songé à cette destinée. Ses héritiers couchés dans la tombe depuis plus d'un siècle ne pouvant parler pour lui, qui raisonnera les particularités de son œuvre ? Qui en développera les accessoires ?

Nous demandons humblement la permission de nous essayer à cette tâche en commençant immédiatement par une rapide esquisse généalogique de la famille de J.-B. Le Maistre.

III

La Généalogie de la famille Le Maistre

La famille Le Maistre est essentiellement Pontoisienne et, à ce titre, attire toutes nos sympathies. Le père de l'auteur du Livre de Raison, Me Charles Le Maistre (1), fourrier du duc d'Orléans ; sa mère, Marie Lefebure ; son aïeul, Pierre Lefebure ; son grand-oncle, Gabriel Lefebure, avocat au Parlement, et un grand nombre de notables alliés à cette maison, ont vécu et sont décédés à Pontoise, au cours des XVIIe et XVIIIe siècles. La plupart sont inhumés en l'église Saint-Maclou, qui « soubs l'image de la Sainte-Vierge au milieu du principal portail de l'église » ; qui, en la chapelle de Saint-Jean ou de la Madeleine ; qui, enfin, vis-à-vis la chapelle de Notre-Dame de Pitié.

De son côté, Jean-Baptiste Le Maistre naît, se marie et meurt dans la ville de Pontoise qu'il n'a cessé d'habiter pendant le cours de sa longue carrière. Il y épouse, le 3 septembre 1673, en l'église Saint-Maclou, la fille d'un officier de la Chambre du duc d'Orléans, Marie Mazières, dont il a successivement trois enfants : Marie, décédée à l'âge de 15 ans en 1690 ; Jean-Baptiste, décédé en 1676, année de sa naissance ; Louise, née le 17 mars

(1) Le nom de Le Maistre, très répandu au XVIIe siècle, appartient à des avocats célèbres et à des membres distingués du Parlement. Nous n'en rechercherons pas les origines, antérieurement à Charles Le Maistre, fourrier du duc d'Orléans, et encore serons-nous très brefs en ce qui concerne ce dernier.

Charles Le Maistre se maria deux fois. Il épousa en premières noces Marie Lefebure qui mourut le 29 mai 1650, quinze jours après avoir mis au monde Jean-Baptiste Le Maistre, objet principal de notre étude. De son second mariage avec Jeanne More, fille d'un notaire de Pontoise, il eut un grand nombre d'enfants, dont quelques-uns ont occupé dans cette ville des situations notables.

Jean Baptiste Le Maistre ne parle qu'une seule fois, dans son livre de raison, de la seconde femme de son père et cela avec une réserve extrême. Relatant le baptême de son fils à la date du 14 mai 1676 il dit, en effet : « Son parain fust Simon Mazière, marchand, et sa mareine *la seconde femme de mon père* ».

Au cours de ses notes il reste absolument muet sur la destinée de sa belle-mère, de ses frères et sœurs du second lit. Voulant imiter sa discrétion nous ne parlerons pas davantage, de notre côté, du ménage Le Maistre-More.

1683, dont voici l'acte de baptême dressé en la paroisse de Saint-Maclou :

L'an de grace mil six cens quatre vingt trois, le vendredi 19e jour du mois de mars après midi, par nous prêtre, docteur en théologie de la maison et société de Sorbonne, curé de S. Maclou de Pontoise, a esté baptisée une fille née d'hier (1) de Me Jean Baptiste Le Maistre advocat en la cour, d[t] à Pontoise, et de damoiselle Marie Mazière, ses père et mère, de cette paroisse, laquelle a esté nommée Louise. Son parain Jean Cossart, écuyer, cons[er] du roy, son advocat à Pontoise, y demeurant en cette paroisse, soussigné ; sa maraine, damoiselle Louise Le Febure, fille de noble homme Pierre Le Febure, docteur en medecine, d[t] à Pontoise et de defunte damoiselle Julienne Chardon, de cette paroisse, soussignée.

COSSART DE LA TOUR. LOUISE LE FEBURE.
BORNAT (curé).

Avant de suivre la destinée de Louise Le Maistre, faisons remarquer que, par la mort de l'unique fils de J.-B. Le Maistre, arrivée en 1676, la descendance masculine de ce dernier est éteinte ; et, rectifions en passant un catalogue de librairie qui attribue à ce fils — dont le décès a précédé de 56 ans celui de son père — la continuation de son livre de raison.

Louise Le Maistre, seule survivante des trois enfants nés du mariage Le Maistre-Mazières, épouse le 19 novembre 1703 un Conseiller du roi, receveur du grenier à sel de Pontoise, Me Jean-Baptiste Oudaille (*alias* Houdaille), qui meurt en 1704 « le mesme jour qu'il avoit esté marié une année auparavant » ; et, le 13 janvier 1705, naît, de cette union si prématurément brisée, une fille posthume à laquelle sont donnés les prénoms de Marie-Louise.

Quatre ans après le décès de J.-B. Oudaille, Louise Le Maistre, sa veuve, convole en secondes noces avec messire Pierre de Monthiers, seigneur du Fay, fils aîné de messire Pierre de Monthiers, chevalier, lieutenant général au Baillage de Pontoise, commissaire général de l'Hôtel royal des Invalides. « Monsieur Dufay », c'est ainsi que J.-B. Le Maistre désigne souvent son gendre, fut reçu et

(1) Il serait plus exact de dire : née d'avant-hier, conformément à la déclaration inscrite au journal de J.-B. Le Maistre.

installé en l'office de président lieutenant général civil et criminel de Pontoise, le 23 mars 1714. Il se démit de ses charges en 1731, au profit de son frère Jacques de Monthiers et, après une union avec Louise Le Maistre, qui dura 35 années et resta stérile, il mourut sans postérité en l'année 1743.

Nous avons relevé l'acte de son décès sur les registres de la paroisse de Villotran [1], où il rendit son dernier soupir au manoir de Mre Maximilien Titon, seigneur du lieu, époux de Marie-Louise Oudaille, sa belle-fille.

Le 14 octobre 1743 a esté inhumé dans le chœur de l'église de Villotran le corps de honorable homme Mre Pierre Demonthiers, ancien lieutenant-général de Pontoise, agé de 66 ans, en présence de M. Mazières, prêtre de l'Oratoire, le curé de La Neuville-Messire-Garnier [2] et de Villotran et autres témoins soussignés.

Fleury, curé de La Neuville. — Titon du Tillet. — Titon. — Mazières. — Luzuriez, vicre de Villotran.

Nous venons de rencontrer, à Villotran, en 1743, les époux Titon-Oudaille ; remontons un peu en arrière pour nous entretenir de l'époque et des circonstances de leur union.

Le 16 juin 1721, Marie-Louise Oudaille — l'enfant posthume, née du mariage Oudaille-Le Maistre, la petite-fille de J.-B. Le Maistre, devenue la belle-fille de Mre P. de Monthiers — épouse à Pontoise, dans l'église de Saint-Pierre, messire Jean-Baptiste-Maximilien Titon, conseiller au Parlement de Paris. Tous deux sont dans la fleur de l'âge ; l'épouse est fortunée et bien apparentée ; l'époux est de vieille maison. Son père, Jean Titon, seigneur du Plessis-Choisille, riche d'un glorieux passé militaire, jouit du titre de Conseiller du roi, Maître ordinaire en sa Chambre des Comptes ; sa mère, Hélène de Saint-Mesmin, est la fille du Procureur du roi à Orléans. N'oublions pas de dire que J.-B.-Maximilien Titon est le propre neveu de Titon du Tillet, auteur du *Parnasse françois*, homme de

(1) Villotran, canton d'Auneuil (Oise).

(2) La Neuville-Messire-Garnier, canton d'Auneuil (Oise).

lettres très serviable, très entouré et très aimé des artistes de son temps [1].

Un rapprochement de dates nous renseignera sur les origines du mariage Titon-Oudaille. C'est six mois à peine après le retour à Paris du Parlement exilé à Pontoise en 1720, qu'un parlementaire épouse une Pontoisienne. Si, dans son exil, et d'après une opinion très décidée des Parisiens, le Parlement n'a accompli ni de grandes œuvres judiciaires ni de grands actes politiques, on ne peut lui refuser la gloire d'avoir consommé des unions matrimoniales considérables. Nous citerons deux de ces mariages dont la célébration est rapportée au *Journal* de Jean de Saint-Denis :

— « Ce 14 décembre 1720 Mademoiselle de Mesme, fille aînée de Monsieur le premier président au parlement de Paris, séant à Pontoise, a été fiancée à St Martin, où logeait M. le premier président, par le R. P. du Noyer prieur de l'abbaye du dit St Martin, avec M. le duc de Lorges qui étoit veuf. La cérémonie du mariage a été le lendemain, à une heure du matin, faite par le susdit père Prieur, en présence de tout le parlement qui y a assisté en robe et a été régalé magnifiquement [2] le samedi au soir après les fiançailles et aussi à deux ou trois heures de relevée. — M. le comte de Lautrec, qui a épousé la seconde fille de M. le premier Président, y étoit, aussi bien que madame la comtesse son épouse ».

— « Ce 16 juin 1721 Mademoiselle Oudaille, fille de Madame Dufay, a été mariée, à Saint Pierre de Pontoise, à Monsieur Titon, conseiller en la 5me des enquêtes, par un religieux de Sainte Génoviéfve qui est oncle du sr Titon ».

Après ces éclatants exemples de l'activité parlementaire, les Parisiens, toujours railleurs et si souvent injustes, oseront-ils prétendre, encore, que le Parlement ne fit rien de bon à Pontoise ?

Un an après le mariage Titon-Oudaille, un grand deuil frappe la famille Le Maistre. Le 22 mai 1722 son chef, Jean-Baptiste, meurt dans sa maison de Pontoise à l'âge de 72 ans. Il était veuf de Marie Mazières depuis 1714. J.-B.

(1) Titon du Tillet, né à Paris en 1677, mourut en 1762. On le voit souvent à Villotran vers le milieu du XVIIIe siècle. Il signe, comme témoin, l'acte de décès de Pierre de Monthiers.

(2) On a publié le détail de ces festins pantagruéliques. Jean de Saint-Denis dit qu'ils ont coûté « dix à douze mille livres ».

Le Maistre disparu, sa descendance n'est plus représentée que par Louise Le Maistre, sa fille, épouse du président de Monthiers et par Marie-Louise Oudaille, sa petite-fille, épouse du conseiller Titon.

Louise Le Maistre nous renseigne brièvement, dans le Livre de Raison qu'elle continue après la mort de son père, sur le sort de deux de ces personnages :

« Le 13 octobre 1743, messire P. de Monthiers, mon mari, est décédet à Villautrand où il a esté enterré ».

« Le 20 septembre 1748 madame Titon, ma fille, est décédet à Paris, après une maladie de neuf mois ».

Puis, plus rien au Livre de Raison ; rien que des pages blanches sans une ligne, un mot, une indication quelconque qui puisse nous renseigner sur la destinée des derniers survivants. De toute cette famille dont nous venons d'esquisser les alliances et la filiation pendant un siècle, il ne reste plus, en 1748, que trois représentants :

1° Louise Le Maistre, veuve de Mre Pierre de Monthiers.

2° Jean-Baptiste-Maximilien Titon, veuf de Marie-Louise Oudaille.

3° Jean-Baptiste-Maximilien-Pierre Titon, fils du précédent, né à Paris en 1725, seul survivant de plusieurs enfants nés du mariage Titon-Oudaille, tous décédés en bas âge.

Que sont devenus ces trois derniers représentants de la famille ?

Il serait intéressant sans doute de les suivre *per fas et nefas* jusqu'à la fin de leur carrière ; malheureusement le cadre de cette notice nous oblige à restreindre nos recherches aux seuls événements les concernant, accomplis à Pontoise.

Louise Le Maistre vécut un certain nombre d'années après la mort de Mre Pierre de Monthiers, son mari. Son nom est mentionné, le 2 mars 1751, dans un contrat passé en l'étude de Me Deshayes, notaire au Châtelet, où elle « se » constitue caution solidaire de messire Jean-Baptiste-Maxi- » milien-Pierre Titon, son petit-fils, chevalier, seigneur de » Vilautran et autres lieux, conseiller du roy en Parlement, » demeurant à Paris, rue Neuve-des-Petits-Champs, paroisse

» Saint-Roch, majeur de 25 ans accomplis le 12 août » dernier ». Il s'agissait d'un emprunt contracté par le sieur Pierre Titon et hypothéqué sur des terres situées au Rosnel et autres lieux. L'emprunt consenti au denier vingt s'élève à la somme de dix mille livres que le sieur Titon, dit le contrat, « a présentement reçues en louis d'argent ».

La veuve de messire Pierre de Monthiers demeurait, à cette époque, à Pontoise, rue Basse. Elle mourut cinq ans après, à l'âge de 73 ans. Sa dépouille mortelle ne fut point inhumée, comme elle l'avait souhaité, dans l'église Saint-Pierre, en la chapelle de la Vierge, auprès du corps de sa chère petite-fille Marie-Louise Titon ; elle fut déposée en l'église Saint-Maclou, vis-à-vis de Notre-Dame de Pitié, où reposaient son premier mari, sa mère et plusieurs de ses proches.

Voici son acte de décès :

L'an mille sept cent cinquante six, le six aoust, le corps de Louise Le Maitre veuve en premieres noces de monsieur Oudaille conseiller du roy, receveur du grenier a sel de Pontoise, et en secondes nopces *(sic)* de Messire Pierre de Monthier, chevalier, seigneur du Fay, conseiller du roy, lieutenant general et particullier, assesseur civil et criminel, commissaire enquetteur et examinateur au baillage de Pontoise decedée du jours d'hyers *(sic)*, munie des sacrements, agée de soixante et quinse ans (1) et quelques mois, a eté inhumée dans leglise de cette parroisse vis à vis Notre Dame de Pitié, par nous pretre docteur de la maison et societé de Sorbonne curé de cette parroisse soussigné, en presence de Mre Jean Baptiste Maximilien Titon chevalier seigneur de Villotran son petit fils, conseiller au Parlement, et autres témoins soussignés avec nous.

DEMONTHIERS. TITON DE VILOTRAN. LE TELLIER.
LEVASSEUR DESGENNETTES. SAUVAT.
FAVÉE DELABRACQUE. GAUTRIN. CHARDIN.
MORIN. LETELLIER. LEVASSEUR.
LE VALLOIS, curé.

Quant à MM. Titon père et fils, tous deux Pontoisiens de circonstance, mais Parisiens fieffés et relaps, on peut dire que n'étant pas « de notre paroisse » leur destinée n'a pour

(1) Les rédacteurs des registres des paroisses ne se piquaient pas d'une exactitude scrupuleuse. Louise Le Maistre — née le 19 mars 1683, morte le 6 août 1756 — avait vécu 73 ans, 4 mois et quinze jours et non « soixante-quinse ans et quelques mois ».

nous qu'un intérêt secondaire. Il résulte de pièces jointes au dossier de l'emprunt « en louis d'argent » dont nous avons parlé plus haut, qu'un important immeuble, sis à Pontoise, apporté en dot, en 1721, par Marie-Louise Oudaille, fut vendu par les époux Titon, en 1726, à un sieur Jacques Leroy, marchand à Pontoise. Ce dernier n'ayant pas payé, dans le cours d'une jouissance de trente années, le prix de son acquisition, fut dépossédé par une sentence du Châtelet du 29 octobre 1756, qui renvoya en possession de l'immeuble Mre Pierre Titon de Villotran, fils et unique héritier de Marie-Louise Oudaille et de J.-B.-Maximilien Titon, tous deux décédés.

Deux ans plus tard, le 3 septembre 1758, mondit sieur Pierre Titon vendait définitivement à Claude Mablon, marchand à Paris, la maison dont s'agit. De ce moment l'arrière-petit-fils de J.-B. Le Maistre cesse d'avoir des intérêts à Pontoise, sa personnalité et sa descendance nous échappent ; nous n'en parlerons plus.

Mais nous reviendrons, pour un instant, au manuscrit de J.-B. Le Maistre pour essayer d'en établir la tradition, depuis la fin de sa rédaction jusqu'à nos jours. Ce registre était incontestablement entre les mains de Louise Le Maistre, veuve de P. de Monthiers, le 20 septembre 1748, date où la respectable dame y inscrivit en dernière mention la mort de Madame Titon, sa fille. Que devint-il après le décès de Louise Le Maistre, arrivé le 6 août 1756 ? Entra-t-il dans les archives des de Monthiers, ses neveux, demeurant comme elle à Pontoise ? Passa-t-il aux Titon, ses petits-fils et arrière-petits-fils, demeurant à Paris ou à Villotran ? Nous n'avons sur ce point aucune indication et l'obscurité règne sur ces questions jusqu'en 1892, année où ledit manuscrit apparaît, désigné comme il suit, au catalogue d'un libraire de Paris :

6694. Pontoise. Livre de Raison de Jean-Baptiste Le Maistre (né à Pontoise le 14 mai 1650, mort le 22 mai 1722), et continué par son fils (1) jusqu'en 1727. Cahier formant 8 pages, grand in-folio, manuscrites.

(1) Nous avons fait remarquer que le registre de J.-B. Le Maistre fut continué par sa fille et non par son fils, et qu'il s'arrête en 1748 et non en 1727.

Ce document, acquis sur le champ, par M. Paul Pinson, pour être joint à ses riches collections sur le département de Seine-et-Oise, nous fut presqu'aussitôt communiqué, très gracieusement, par son honorable possesseur.

— De qui le libraire parisien tenait-il ce précieux document? L'aimable libraire nous a déclaré de la meilleure grâce qu'il l'avait cueilli dans un lot considérable de papiers tirés de divers côtés et dont il lui était tout à fait impossible de retrouver l'origine.

Voilà le sort trop souvent réservé aux épanchements de nos ancêtres ! Le manuscrit de J.-B. Le Maistre ne s'est réveillé au grand jour que par hasard et après cent quarante ans d'un sommeil aussi profond qu'inexpliqué. D'autres documents intimes, ainsi restés dans l'ombre depuis des siècles, reverront-ils jamais la lumière? Ils sont privilégiés ceux qui surgissent tout à coup aux rayons du libraire ou aux vitrines du bouquiniste pour tomber finalement et heureusement dans la gibecière des ardents chasseurs qui les guettent.

Nous terminerons ce chapitre en appelant l'attention des curieux et des chercheurs sur l'immeuble dont nous avons parlé plus haut, qui s'élevait — et s'élève encore — en la Grande-Rue de Pontoise, n° 23, à l'angle de la rue Forêt-Hardelot « ditte de la Harengerie ». Cet édifice, par l'étendue de ses constructions, par la notoriété de ses propriétaires et locataires (1), par les événements tumultueux qui s'y accom-

(1) Nous avons relevé leurs noms dans divers contrats :

XVIe siècle : MM. Nicole Pelletier, Jean Pelletier, marchand, bourgeois, Cuvernon, marchand, Pierre Dussault, marchand hôtellier, Jean Cossart, drapier.....

XVIIe siècle : Charles de La Coré, écuyer, seigneur de St-Ouen-l'Aumône, conseiller du Roi, auditeur en la Chambre des comptes.

XVIIIe siècle : Dame Nicole-Angélique Touzet, veuve de Pierre de Monthiers, chevalier, seigneur du Fay, conseiller du Roy, lieutenant général du Baillage de Pontoise ; dame Marie Chevillon, veuve de François Girardelet, sieur de Bazancourt; J.-B. Oudaille, conseiller du Roi, receveur du grenier à sel; Jean Baptiste-Maximilien Titon, conseiller du Roi, et dame Marie Louise Oudaille, son épouse; J.-B.-Maximilien-Pierre Titon de Villotran; Claude Mablon, marchand de blé (1758); Guillaume Hannier, farinier, et Louise Leclerc, sa femme; Charles Leclerc sous-fermier des carrosses et messageries de Pontoise; Marie-Henri Dagneaux, négociant à Gisors; Jean-Baptiste Massieu, curé de Cergy (pour partie); Jean-François Le Clerc, conseiller du Roi, grenetier au grenier à sel, et Jeanne-Louise Musquinet, son épouse; Jean-Pierre Carlier (le jeune); Le Fèvre de Gineau, membre de l'Institut national à Paris, gendre Dagneaux; Jean-Louis Truffaut, farinier.

XIXe siècle : Charles-François Delaherche, farinier, et Louise Chéron, son épouse; Morisset, Thibault, Lebas, Martel, avoué, Barré, avoué, Véron, avoué (1893).

plirent à la Révolution, a presque la valeur d'une maison historique. On lui donne parfois le nom de Grenier à sel, déjà donné à l'ancienne Résidence des jésuites. Sans accepter pour certaine cette désignation on en trouve une explication plausible dans le fait que ladite maison fut détenue au commencement et à la fin du XVIIIe siècle par J.-B. Oudaille et Jean-François Le Clerc, tous deux conseillers du roi, tous deux grenetiers du Grenier à sel de Pontoise.

Les résumés généalogiques qui précèdent nous paraissent suffisants pour fixer le lecteur sur la famille et sur les allianees de J.-B. Le Maistre, nous allons maintenant nous occuper de sa personne, de son éducation et de ses œuvres.

IV

L'Éducation de J.-B. Le Maistre

L'œuvre de réformation sociale entreprise par Henri IV après les guerres de la Ligue, poursuivie sous Louis XIII avec le concours énergique de Richelieu, devait produire une abondante et bienfaisante moisson qu'il a été donné à Louis XIV de récolter. Ce fut en effet sous le règne de Louis le Grand que notre nation atteignit la plus haute perfection dans l'Église, dans la Justice, dans la Diplomatie, dans la Guerre, dans l'Administration, dans les Lettres et dans les Arts.

Nos provinces ne restèrent point étrangères à ce merveilleux mouvement et, à n'envisager ses effets qu'en ce qui concerne Pontoise, cette période de progrès et de grandeur s'y manifeste dans nos diverses institutions, par l'excellence de nos prêtres, de nos magistrats, de nos administrateurs et par l'entière prospérité de nos établissements religieux, judiciaires et civils. C'est l'époque de la plus belle renommée de nos maisons d'enseignement : le Collège, la Confrérie aux Clercs, les Ursulines. C'est aussi le temps où s'accomplit, dans le calme et la prière, l'œuvre de paix et de miséricorde de nos monastères : les Cordeliers, les Mathurins, les Carmélites et les Jésuites. N'oublions pas l'abbaye de Saint-Martin dont l'éminent prieur, dom Estiennot, retrace, dans le silence du cloître, les précieuses annales.

J.-B. Le Maistre, conformément aux traditions de sa famille et aux mœurs de son temps, débute dans la vie par la pratique fervente des devoirs religieux. Il nous apprend qu'il reçut la confirmation à sept ans, la communion à onze ans et la tonsure à seize ans. Dans l'église grecque les enfants sont confirmés aussitôt après le baptême ; dans l'église latine ils ne reçoivent la confirmation que quand ils sont arrivés à l'âge de raison et le plus souvent après la première communion. L'exception sacramentelle dont J.-B. Le Maistre est l'objet à l'âge de sept ans témoigne en faveur de la précocité de son intelligence. La tonsure, premier degré de cléricature, dont il est investi dans l'église des Cordeliers de Pontoise — où Bossuet sera sacré quatre ans plus tard — atteste sa ferveur et accuse une prédisposition à entrer dans les ordres, sans toutefois constituer de sa part un engagement solennel et irrévocable, ainsi que nous le verrons bientôt.

Ce simple exposé de l'éducation profondément chrétienne de J.-B. Le Maistre, nous dévoile, à l'avance, le secret de la constante droiture qui marquera tous les actes de sa vie. Il a reçu dès son enfance le viatique des hommes intègres.

Il entre au collège de Pontoise en 1659, à l'âge de neuf ans. L'enseignement classique, qui complète ses études religieuses, les affermit en les éclairant.

Le collège de Pontoise, institution communale depuis son origine jusqu'à nos jours, fut fondé en l'année 1564 par la puissante Confrérie aux Clercs, avec le concours des habitants de la Ville. Dès ses débuts, de brillants élèves sortis de son sein, lui acquirent une notoriété qui se continua pendant la première moitié du XVIIe siècle. Sous Louis XIV, en 1659, quand J.-B. Le Maistre entra dans cette maison — fortement convoitée par les Jésuites — elle jouissait d'une belle renommée [1].

C'est en 1564 — l'année même de la création du collège de Pontoise — que l'institut des Jésuites s'établit en France. En 1614 la Compagnie fonde à Pontoise une Résidence que les Pères administrent sans interruption jusqu'en 1762, époque de la dissolution de l'ordre.

Pendant cent cinquante ans, la Résidence fait de vains efforts pour obtenir la direction du collège de Pontoise. Malgré les lettres favorables de Louis XIII et de Louis XIV, malgré la protection puissante des cardinaux de Joyeuse et de Bouillon, malgré les délibérations des échevins et les

(1) En 1675, huit années après la sortie de J.-B. Le Maistre, la prospérité du collège fut un instant compromise par l'exécution d'un décret qui lui enlevait les bénéfices de la chapelle de Saint-Jacques d'Ivry et de la Léproserie de Saint-Ouen-l'Aumône. La Confrérie aux Clercs n'hésita pas à s'imposer de grands sacrifices en faveur du Collège qui reprit au XVIIIe siècle sa situation florissante.

pétitions des habitants, les Jésuites sont itérativement éconduits. L'Université tenace triomphe de toutes leurs entreprises.

Un moment, en 1648, Louis XIV ayant accordé aux Jésuites la direction de plusieurs collèges de province et notamment celle du collège de Compiègne, la situation parut favorable aux habitants et aux échevins de Pontoise pour renouveler leurs vœux en faveur de la Résidence. Dernière et inutile tentative ! Leur requête fut rejetée par deux arrêts du Parlement, des 21 octobre 1648 et 2 juillet 1650, « défendant aux habitants et échevins de Pontoise de remplacer le principal et le régent du collège par des réguliers (Jésuites ou autres), à peine de 3,000 livres d'amende ; la Cour faisant en outre défense aux Jésuites d'enseigner au collège de Pontoise et dans la ville et faubourgs de ladite ville, d'y tenir écoles ou études et même de s'ingérer audit collège dans aucune direction ni instruction, directement ou indirectement (1) ».

C'est donc dans un établissement municipal, relevant de l'Université et hostile aux Jésuites, que J.-B. Le Maistre reçut l'enseignement classique, enseignement poursuivi *in fine* dans deux collèges de Paris.

Voici les phases successives des études scolaires de J.-B. Le Maistre :

A Pontoise :

1659, classe de 6e à 9 ans.
1662, — de 3e à 11 ans.
1663, — de 2e à 13 ans.
1665, — de 1re à 15 ans.

A Paris :

1665, en 2e au collège du Plessis.
1666, en rhétorique au collège du Plessis.
1667, en philosophie au collège de La Marche.

Ce tableau marque les étapes de l'éducation classique d'un jeune patricien provincial à l'époque la plus brillante

(1) Henri Le Charpentier. *Les Jésuites à Pontoise*. — Mémoires de la Société historique du Vexin (t. II).

du règne de Louis le Grand. On y constate l'usage d'aller perfectionner à Paris une instruction locale déjà sérieuse sinon complète. Le collège du Plessis était de tous les collèges parisiens celui où la discipline était le plus rigoureusement observée. On a dit que l'obéissance est la meilleure école du commandement : la carrière de J.-B. Le Maistre justifiera cette judicieuse maxime.

Nous devons à notre écolier les noms des principaux du collège, des régents et des professeurs de son temps : renseignements précieux pour l'histoire si impatiemment attendue de notre établissement communal d'enseignement secondaire. Il nous signale incidemment les amusements littéraires et dramatiques de la maison. « En 1663, dit-il, il a esté représenté au collège une comédie intitulée *Le Mauvais Riche*, en laquelle me fust donné un des principaux personnages, étant alors âgé de 13 ans et en seconde ». Le rôle de marque dévolu à cet adolescent révèle en lui une singulière vivacité d'esprit et confirme notre sentiment déjà exprimé sur la précocité de son intelligence.

La représentation donnée au mois d'août 1663, à l'occasion de la distribution des prix du collège, était-elle de tradition ? constituait-elle une innovation ?

Un règlement de collège [1], qui remonte à sa fondation, porte ce qui suit :

« Seront tenus, les Régents, bailler thème et composition à leurs escoliers et feront exercer iceux au récit de quelque oraison, déclamation, ou représentation d'aucunes comédies et tragédies qui ne contiendront lascivetez, injures, invectives, ni scandales quelconques contre aucun estat public ou personnes privées. »

En présence de ce texte, si intéressant à divers titres, on doit admettre que des représentations avaient été données au collège de Pontoise longtemps avant l'année 1663. Il est reconnu d'ailleurs que cette pratique existait dans d'autres collèges et particulièrement chez les Jésuites, très ingénieux dans l'adaptation scénique des paraboles de l'Écriture,

(1) J. Depoin. *Un coin de la vie pontoisienne au* XVIe *siècle. Echo Pontoisien* (février 1874).

notamment celles de l'*Enfant Prodigue* et du *Mauvais Riche*.

Nous restons pour le moment sans renseignements sur l'auteur du *Mauvais Riche* représenté à Pontoise, sur les camarades de J.-B. Le Maistre qui interprétèrent la pièce avec lui, et sur le texte même de cette comédie. Il est probable qu'elle fut composée, selon un ancien usage, par les meilleurs élèves ou les régents du collège, et qu'elle resta manuscrite (1). Espérons que quelque livre de raison immaculé, retrouvé par un heureux hasard dans les tiroirs secrets d'une vieille crédence, nous révélera un jour en détail les circonstances de ces anciennes représentations.

En attendant, signalons quelques-unes des représentations données au collège de Pontoise, *postérieurement* à celle du *Mauvais Riche* :

« Le 30 août 1672, jour de la distribution des prix, le principal et les régents font représenter par leurs élèves, devant un nombreux auditoire, une tragédie intitulée *Corvin ;* l'élève Ch. Poitou, de Pontoise, joue le rôle de *Ladislas*, André Villot, celui de *Virginie*. Les autres rôles sont tenus par J. Domilliers de Beaumont, J. de La Chesnais, L. Levasseur, Mellon Denis, Simon Riquier, Eust. Chevalier et Alb. Mazières, qui plus tard deviendra maire de Pontoise. On distribue même aux assistants une sorte de *libretto* en prose et en français, contenant l'analyse de la pièce et destiné à en faire mieux comprendre les diverses scènes (2) ».

Contrairement à la coutume qui imposait la langue latine dans ces sortes de représentations et même dans les conver-

(1) Voici, sur le *Mauvais Riche*, une curieuse indication bibliographique que nous devons à notre aimable ami, M. Monval, le savant bibliothécaire de la Comédie Française, auteur de : *Une Colonie de Comédiens à Conflans-Sainte-Honorine, au* XVIIe *siècle*, publié dans le tome XII de nos Mémoires :

XVe siècle. *Moralité nouvelle du Mauvais Riche et du Ladre*, à 12 personnages. — Paris, s. d., in-8°, gothique.

XVIe siècle. *L'histoire et Tragédie du Mauvais Riche*, à 18 personnages. — Rouen, Jean Hoursel, s. d., in-12.

XVIIe siècle. *La Mort burlesque du Mauvais Riche*, tragédie historique à 18 personnages, par Des Isles Le Bas, représentée à Rouen — et imprimée audit lieu, en 1700, in-12.

XVIIIe siècle. *Le Mauvais Riche*, comédie en 5 actes et en vers, par Bacular d'Arnaud, dont Le Kain représenta le principal rôle à l'hôtel de Tonnerre, en 1749.

(2) Henri Le Charpentier. *Les Jésuites à Pontoise*.

sations journalières des élèves [1], la tragédie de Corvin fut jouée en français. Il en avait été de même, dix ans auparavant, de la comédie du *Mauvais Riche.* L'époque où ces incidents se produisent leur donne les proportions d'un important évènement scolaire. « Pendant le dernier tiers du XVIIe siècle, dit un écrivain autorisé [2], la poésie latine fut supplantée par la poésie française ». Le même auteur ajoute qu'entre l'an 1687 et l'an 1703, « on vit disparaître un à un tous les poètes de la Pléiade de Paris ». Les représentations françaises données à Pontoise en 1683 et en 1692, seraient-elles l'indice d'un congé signifié par notre collège à la langue d'Horace ?

On pense bien qu'il ne saurait être question, pour le moment, d'un congé absolu ; mais on reconnaît aisément, dans le mouvement scolaire que nous signalons, l'influence naissante de la grande réforme classique de la fin du XVIIe siècle qui relèguera au second plan, au siècle suivant, l'enseignement de la poésie latine pour y substituer la prépondérance de la poésie française. Dans quels délais et dans quelle mesure s'opéra à Pontoise cette révolution scolaire ? Ce n'est pas ici le lieu de l'établir ; il nous suffira d'en signaler le germe, en laissant au futur historien de notre collège le soin d'en marquer les poussées et la floraison finale.

Voici trois nouvelles mentions visant des représentations données au collège de Pontoise au commencement du XVIIIe siècle. Nous les relevons dans le *Journal* de Jean de Saint-Denis :

— 10 août 1717. On a représenté au collège la pièce de *Germanicus.*

— 20 août 1727. MM. de Monthiers, fils de Monsieur le procureur du Roy, l'aîné s'appelle Pierre-Jacques-Hector et le second Jacques. Ces messieurs ont soutenu et répondu aux demandes qu'on

(1) Un paragraphe du règlement de 1564 est ainsi conçu : « Sera tenu, le principal, un jour de la semaine, de faire convocation de tous les enfants et, de classe en classe, interroger les escoliers pour entendre et cognoistre comme ils auront profité, et *les faire toujours parler latin dans le Collège* ».

(2) L'abbé Vissac. *De la poésie latine en France au siècle de Louis XIV*, in-8°, Paris, 1862.

leur a faites du livre d'Horace et le président était M. de Reinvillé, principal.

— 11 août 1730. On a représenté au collège de Pontoise la tragédie d'*Athalie*, de M. Racinne *(sic)* et comme on ne veut pas de fille sur le théâtre on lui a donné le nom d'Achab, roy d'Israël. M. de Reinvillé, principal. Le rôle de Joad, grand sacrificateur, fût rempli par M. de Monthiers le chevalier, et celui de Joas, roy, par le petit sieur de Monthiers.

En principe et sauf la différence des sujets, on peut dire de ces thèses et de ces représentations qu'elles sont la démonstration et la suite de thèses et de représentations usitées au siècle précédent. Les brillantes réponses des jeunes de Monthiers, en 1730, sur le « livre d'Horace », ont dû être précédées, en 1663, par de savantes gloses de J.-B. Le Maistre, sur le « livre d'Ovide ». Sans doute Jean de Saint-Denis signale, au commencement du XVIIIe siècle, quelques dialogues, montrant la persistance de l'enseignement de la poésie latine dans notre collège, mais on sent que ces exercices classiques ne sont que des accessoires à côté des représentations de *Germanicus* et d'*Athalie* qui attestent visiblement le triomphe de nos poètes nationaux.

Si maintenant on veut bien se souvenir que « le chevalier » de Monthiers et « le petit sieur » de Monthiers, jouant *Athalie*, de « Monsieur Racinne », sont les alliés de J.-B. Le Maistre qui joua le *Mauvais Riche*, on sera amené à tirer avec nous, de ce rapprochement et des observations générales qui précèdent, les conclusions suivantes : 1° On faisait de très bonnes études au collège de Pontoise aux XVIIe et XVIIIe siècles ; 2° la prépondérance de la poésie française s'annonce au collège dès la fin du XVIIe siècle ; 3° le culte des belles-lettres était de tradition dans les familles Le Maistre et de Monthiers ; 4° J.-B. Le Maistre était un lettré.

Après avoir fait ses humanités, J.-B. Le Maistre, renonçant à la cléricature, se consacre à l'étude du droit. Son baccalauréat dura trois années au cours desquelles il épousa, à l'âge de 23 ans, Marie Mazières. Ce mariage d'un étudiant, encore sur les bancs, n'est-il pas un signe bien caractéristique des mœurs familiales de l'époque ?

Dans les trois premiers mois de 1674, J.-B. Le Maistre

fut successivement reçu « bachelier et licencié en l'escole de droict de Paris » et prêta serment d'avocat au Parlement devant M. de Lamoignon, premier président, « ... ayant esté examiné, dit-il, et mes lettres veües par M. Talon, avocat général ». La gloire n'est pas mince, pour notre jeune avocat, d'avoir approché, ne fût-ce qu'un instant, de deux illustres magistrats dont les noms sont synonymes de science, d'indépendance et d'intégrité.

Le 13 décembre 1675, à l'âge de 25 ans, étant déjà père d'un enfant de 10 mois, J.-B. Le Maistre est installé au barreau de Pontoise, en l'audience de M. le Lieutenant-Général, tous les juges assemblés. « J'ai esté présenté, dit-il, par Me Estienne Gruel, advocat, qui harangua, et M. le procureur du Roy et moy pareillement ».

J.-B. Le Maistre, par son éducation si complète et ses mœurs exemplaires, avait toutes les qualités requises pour être admis avec distinction, il y a deux cents ans, dans l'honorable corporation des avocats de Pontoise. Il y figure dignement, en effet, et ne tarde pas à jouir des nombreux avantages et privilèges attachés à sa fonction.

V

Les Charges et Offices de J.-B. Le Maistre

Le cumul des fonctions publiques était en pleine floraison sous le règne de Louis XIV. Les avocats et les procureurs d'un baillage royal, tout en exerçant leur ministère professionnel, étaient généralement appelés par les seigneurs à rendre la justice dans les baillages ruraux. Le roi leur concédait des offices de judicature administrative, les intendants leur confiaient, dans les élections, des missions financières et politiques. Ils étaient nommés aux plus hautes fonctions municipales et honorifiques.

J.-B. Le Maistre, avocat ès-sièges royaux du baillage de Pontoise, fut investi pendant un tiers de siècle de ces diverses magistratures qu'il exerça successivement et même simultanément avec honneur et probité. Nous nous proposons de le suivre dans l'exercice de ces emplois multiples et variés.

En 1681, le prince de Conty, seigneur de l'Isle-Adam, le nomme bailli de sa seigneurie. En 1685, le maréchal de Créquy, seigneur de Marines et autres lieux, le pourvoit des offices de prévôt de Marines et de bailli de Chars et justices unies. C'est l'application de la maxime du droit seigneurial : « Nulle terre sans seigneur et tout seigneur justicier de sa terre ».

Les baillis ou prévôts étaient les juges uniques des hautes, moyennes et basses justices seigneuriales. Ils connaissaient des contraventions et des délits, des causes civiles, des affaires commerciales et même des crimes. Leurs sentences, commençant à la réprimande paternelle, pouvaient aller jusqu'au gibet.

C'est à cette magistrature, d'autant plus redoutable et troublante qu'elle s'exerçait par un juge unique, que J.-B. Le Maistre fut appelé au début de sa carrière. Son éducation et sa profonde connaissance des lois, suffiraient à nous rassurer sur la droiture de ses jugements si ses contemporains, dont nous produirons bientôt le témoignage, n'étaient unanimes à en proclamer l'impartialité et l'humanité.

L'intérêt de notre sujet demande que nous entrions dans quelques détails sur l'état des seigneurs de l'Isle-Adam et de Marines, sur l'étendue de leurs justices et sur le personnel y attaché.

J.-B. Le Maistre nous apprend que la charge de bailli de l'Isle-Adam lui fut donnée en 1681 par S. A. Mgr le prince de Conty. Six princes de Conty ayant été, successivement et sans interruption, en possession de la seigneurie de l'Isle-Adam depuis le milieu du XVIIe siècle jusqu'à la Révolution, il n'est pas indifférent de préciser l'état du donateur.

Le premier seigneur de l'Isle-Adam, appartenant à la Maison de Conty, fut Armand de Bourbon, prince de Conty, comte de Béziers, baron de La Fère, fils de Henri II de Condé et frère du Grand Condé. Il avait épousé, en 1654, Anne-Marie Martinozzi (1), nièce de Mazarin, et mourut en 1666, en laissant deux fils : 1° Louis-Armand de Bourbon, prince de Conty ; 2° François-Louis de Bourbon, d'abord prince de La Roche-sur-Yon, puis prince de Conty.

C'est *Louis-Armand* qui, en 1681, mit le jeune avocat pontoisien en possession de la charge de bailli de l'Isle-Adam. Ce prince qui avait épousé, en 1680, Marie-Anne de Bourbon (Mlle de Blois), fille légitimée de Louis XIV et de La Vallière, mourut sans postérité « à Fonteine Bleau », le 9 novembre 1685, à l'âge de 25 ans. « C'étoit, dit J.-B. Le Maistre, le prince le plus vertueux, le plus prudent et le plus modéré de son siècle ».

L'abbé Grimot, dans son *Histoire de l'Isle-Adam* (2), nous fournit quelques détails sur Louis-Armand de Bourbon, prince de Conty :

Par le partage des domaines d'Armand de Conti, fait entre ses jeunes enfants, la seigneurie de l'Isle-Adam échut à Louis-Armand,

(1) L'acte mortuaire et le panégyrique de Anne-Marie Martinozzi ont été publiés dans les Mémoires de la Société historique de Pontoise et du Vexin, t. IX, XXX, 31.

(2) Abbé Grimot : *Histoire de l'Isle-Adam et généalogie de ses seigneurs.* Mémoires de la Société historique de Pontoise et du Vexin, t. VII, page 20.

comme fils aîné. Ce prince épousa, le 16 janvier 1680, *Anne-Marie*, fille légitimée de Louis XIV et de La Vallière. *Il fut élu roi de Pologne à la mort de Sobieski, en 1697. Le célèbre Jean Bart conduisit le cortège royal; mais lorsque le prince arriva pour prendre possession du trône, il le trouva occupé par Auguste II. Ce prince mourut en 1709.*

La première partie de ce texte — si on veut bien lire Marie-Anne au lieu de Anne-Marie — est parfaitement exacte ; mais il n'en est pas de même du second paragraphe reproduit en italiques. Louis-Armand étant mort en 1685, n'a pu être élu roi de Pologne en 1697, ni mourir de nouveau en 1709. Le paragraphe incriminé [1] serait irréprochable si l'historien de l'Isle-Adam, dans la page même où il l'a placé (page 20), l'avait fait figurer quelques lignes plus bas, à la suite du nom de François-Louis, frère puîné de Louis-Armand, auquel il succéda en 1685. C'est en effet François-Louis, surnommé le Grand Conty, qui fut appelé au trône de Sobieski en 1697, qui échappa, heureusement pour lui et pour nous, à ce dangereux honneur, et qui mourut en 1709.

Cette rectification opérée, nous nous trouvons à l'aise pour interpréter, comme il convient, les deux déclarations suivantes de J.-B. Le Maistre, inscrites dans son livre de raison :

1685. — Le second jour de décembre 1685, très-haut et très puissant Prince, François de Bourbon, prince du sang cy-devant le Prince de La Roche-sur-Yon, et à présent depuis le décès de S. A. S., son frère, nommé le prince de Conti, est venu prendre possession de la baronnie de l'Isle-Adam. Je fus au devant de luy, accompagné des habitants de l'Isle-Adam jusques au village de Merj où je lui fis compliment.

1698.— Le 2 maj 1698 j'aj esté à la teste de tous les habitants de l'Isle-Adam, à cheval, saluer madame la princesse de Conti [2] et

(1) Dieu nous garde de jouer le rôle de Gros-Jean qui en remontre à son curé. Nous sommes convaincu que l'erreur signalée résulte d'une confusion de *mise en pages* échappée au contrôle du vénérable abbé Grimot ; mais, en somme, c'est une erreur historique et sa rectification s'impose. Nous la devrons à la précision du journal de J.-B. Le Maistre ; preuve nouvelle de l'importance et de l'intérêt des Livres de Raison.

(2) *La princesse de Conty*, née Marie-Thérèse de Bourbon, mademoiselle de Bourbon, fille de Henri-Jules, prince de Condé, avait épousé en 1688, François-Louis de Bourbon, prince de Conty, seigneur de l'Isle-Adam.

estants arrivés à Merj je descendis de cheval pour lui faire compliment au nom des habitants, auquel elle répondit favorablement.

On trouve dans ces compliments et dans ces chevauchées le reflet d'un état social où les mœurs sont douces, les seigneurs affables, leurs juges pleins de bonhomie et les peuples unis, loyaux et heureux. A cette époque les mélodies simples et suaves du bon Lulli ont pénétré dans toutes les classes de la société et les joyeuses sauteries villageoises répondent aux brillants menuets de la cour. De notre temps on reproduit parfois ces touchantes pastorales sur nos scènes lyriques, à la grande satisfaction des cœurs sensibles. Ajoutons que ces chevauchées des populations à l'installation des seigneurs répondaient à une coutume généralement observée dans tout le royaume.

J.-B. Le Maistre ne nous dit pas si l'on fit de semblables cérémonies dans les seigneuries de Marines et de Chars en l'honneur du maréchal de Créquy. Il ne faut pas oublier que le très haut et très puissant seigneur de Marines était installé depuis plusieurs années quand l'avocat pontoisien prit possession, en 1685, de sa charge de bailli. Ce fut vraisemblablement son prédécesseur « Me Nicolas Villot, advocat en la cour, conseiller du Roi notre sire, esleu antien de la ville et élection de Pontoise, prévôt des hautes, basses et moyennes justices de Marines », qui fit au maréchal les honneurs de la chevauchée d'installation. A la mort de M. de Créquy et à l'avènement de ses successeurs, J.-B. Le Maistre participa certainement à la fête de réception des nouveaux seigneurs et, s'il ne l'a pas consigné sur son registre, c'est pour éviter des redites.

Les successeurs du maréchal de Créquy, mort en 1687, continuèrent à J.-B. Le Maistre ses offices de judicature. Le relevé de l'intitulé de quelques sentences rendues par ce dernier nous éclairera complètement sur les formules de justice, sur les qualités successives que prend le juge et sur les titres variés attribués par lui aux seigneurs :

1696. — L'an mil six cent quatre-vingt-seize, à tous ceulx qui les présentes lettres verront. J.-B. Le Maistre, avocat en la cour, prévôt de Marines, bailli de Chars et autres justices unies, pour

Haut et Puissant seigneur, messire François-Joseph, sire de Créquy, marquis de Marines, baron de Chars et du Bellay, seigneur de Bréançon, Santeuil, Frémécourt, le Ruel, le Heaume et autres terres seigneuriales, lieutenant général des armées du roy, salut — savoir faisons, etc. (Il s'agit de l'établissement d'un Ordre judiciaire entre divers créanciers inscrits sur l'immeuble d'un condamné).

1700. — A tous ceulx etc... J.-B. Le Maistre, avocat au parlement, conseiller du roy et lieutenant civil en l'élection de Pontoise, prévôt de Marines, bailli de Chars et autres justices unies en la prévoté de Marines pour Haut et Puissant seig[r] m[re] François-Joseph, marquis de Créquy et de Blanchefort, comte du Passage (ou de Canaple), seigneur haut justicier dudit Marines et autres lieux sçavoir faisons, etc. (Établissement d'une tutelle.)

1703. — Information par J.-B. Le Maistre à la requête de Madame la maréchale de Créquy, baronne de Chars (1). (Procès de chasse).

1704. — Information par J.-B. Le Maistre à la requête de dame Charlotte d'Aumont, veuve de Haut et Puissant seigneur François-Joseph sire de Créquy, lieutenant général des armées du roy, Dame de Marines, Rosnel, Ruel, Heaume, etc. (Procès de Chasse).

1705-1718. — Sentences, informations, ordonnances de J.-B. Le Maistre à la requête du seigneur de Marines, marquis de Rivié.

Ces citations, qu'on nous pardonnera de multiplier peut-être sans mesure, ont un double but : faciliter au lecteur le contrôle de notre travail et fournir aux chercheurs des documents inédits et sûrs pour l'étude de l'histoire locale.

En somme, J.-B. Le Maistre avait dans sa juridiction, non seulement Marines et Chars, mais encore une quantité de petites paroisses environnantes ; c'est ce qu'on appelait les justices unies. Le bailli du prince de Conty était encore et par surcroît « juge des Eaux et Forêts de la ville, chatellenie et baronnie de l'Isle-Adam ». On se fait une idée de l'action incessante et énergique — nous dirions, aujourd'hui, de l'activité dévorante — que dut déployer notre magistrat pour l'accomplissement de devoirs professionnels d'une si grande étendue.

Il ne faudrait pas voir cependant dans ce cumul judiciaire un fait exceptionnel. La coutume autorisait la réunion

(1) C'est la mère de François-Joseph, décédé en 1702.

dans une seule main d'un nombre illimité de justices seigneuriales. Cet accaparement fit l'objet de nombreuses réclamations aux États Généraux de 1789. Un sieur Laroche, procureur fiscal à Vernouillet-sur-Seine, s'exprime ainsi, à ce sujet, dans le cahier des plaintes et doléances de sa paroisse :

Art. 7. Que le même sujet ne pourra remplir plus de six places de juges, et ceux qui en ont davantage, tenus d'opter dans le mois, sinon celui passé, tous leurs offices déclarés vacants.

Le réformateur débonnaire de Vernouillet laissait encore, ainsi qu'on le voit, une belle marge à l'activité dévorante des baillis et prévôts du royaume de France.

Notre bailli tenait régulièrement deux audiences par semaine : le lundi en l'auditoire de l'Isle-Adam ; le mardi, comme il le dit lui-même, « en nostre Hostel de Marines » ; ce qui ne l'empêchait pas de se rendre plus souvent aux chefs-lieux de ses justices, quand les circonstances l'exigeaient. Il était matinal et voyageait toujours à cheval, procédant en route à des enquêtes locales et s'entretenant paternellement avec ses justiciables.

Très ardent au travail, il écrivait en entier de sa propre main la plupart de ses sentences. Nous avons donné un *fac-simile* de son écriture réduite de moitié, tiré de son livre de raison. Il avait adopté pour ses écrits officiels une écriture d'une ampleur magistrale dépassant du double, en hauteur, celle de ses notes privées. Dans les registres ordinaires et extraordinaires de ses baillages, dans les plumitifs, les informations et les ordonnances, restés en partie dans les archives de son temps, son écriture se dresse ferme et virile, pleine de clarté et d'harmonie, dominant les grimoires incohérents, les caractères étriqués, les pattes d'araignées trop souvent indéchiffrables des procureurs, tabellions, greffiers, huissiers et sergents qui l'entourent. C'est une tête de lion au milieu d'un troupeau de moutons. Il semble qu'on a vécu la vie de cet honorable magistrat quand on a contemplé à loisir son œuvre manuscrite si attachante. Un graphologue n'hésiterait pas à reconnaître, dans son lumineux graphisme, la sérénité, la dignité, le savoir, la prudence, la droiture : toutes qualités d'un homme du plus haut mérite.

Le groupe d'officiers de justice qui fonctionnaient autour de lui se composait, dans chacune de ses juridictions, d'un procureur fiscal, d'un greffier, d'un huissier ou sergent et d'un praticien local, appelé procureur en prévôté, robin à tout faire, exerçant à la barre comme simple défenseur et siégeant au besoin « pour l'absence » aux lieu et place de Monsieur le Bailli. Les gardes-chasses des seigneurs fréquentaient aussi assidûment les audiences de la prévôté, dont ils étaient les principaux pourvoyeurs.

Nous avons relevé les noms de quelques-uns de ces collaborateurs de J.-B. Le Maistre. C'étaient — pour le baillage de l'Isle-Adam, Me Deschamps, procureur fiscal, Me Dufrancastel, procureur local et les gardes-chasse Roussel et Hubert; — pour la prévôté de Marines, Me Rozière (1715) procureur fiscal, Jean Delacour (1717) procureur fiscal, Delisle, procureur de la prévôté et le garde-chasse Lemaire, dit Lafontaine. Des descendants de ces auxiliaires de la justice seigneuriale existent encore dans la contrée et pourraient aisément reconstruire l'œuvre de leurs ancêtres. Tous les avocats ou procureurs (avoués) ès sièges royaux de la ville et du baillage de Pontoise étaient admis à représenter les plaideurs ès sièges seigneuriaux et se rendaient aussi à cheval à l'audience du bailli.

Nous n'entrerons pas dans le détail des innombrables causes dont J.-B. Le Maistre fut appelé à connaître. Il y avait alors — tout comme de nos jours, car les années passent et les choses humaines restent — il y avait, disons-nous, des inventaires, des successions, des partages, des tutelles, des ordres judiciaires, des expertises, des délits aux champs et aux bois, des scandales dans les églises, des rixes dans les cabarets, des tromperies sur la quantité ou la qualité des marchandises vendues, des roueries de maquignons, quelques vols très sévèrement punis, et même des crimes — heureusement très rares (1). — L'étude approfondie de ces objets particuliers serait assurément très instructive au point de vue de l'histoire des mœurs locales : elle est en dehors du cadre de notre travail.

Nous dirons cependant quelques mots des délits de

(1) Nous n'en avons entrevu que trois dans l'espace d'un demi-siècle.

chasse. Les seigneuries de l'Isle-Adam et de Chars étaient extrêmement giboyeuses et il ne se passait guère une audience sans que J.-B. Le Maistre n'eût à sévir contre les braconniers. En nous limitant à la contrée qui a pour centre Chars et ses bois, nous serons appelé à constater la fréquence des délits et l'audace des délinquants.

Le mauvais exemple était donné par les seigneurs eux-mêmes. En 1703 J.-B. Le Maistre avait dû procéder à une information à la requête de Madame la maréchale de Créquy, dame baronne de Chars, contre le sieur Brunet, fils du sieur Brunet, seigneur en partie de Neuilly-en-Vexin, chassant avec ses domestiques et ses chiens sur les terres de la seigneurie de Chars, Marines et lieux circonvoisins. « Le sieur Brunet, dit le rapport du garde, a poussé la témérité et son entreprise si loin que ce jour-là, jeudi 1er mars 1703, il serait venu, accompagné de ses valets et de deux charretiers de son père, tous armés de fusils, avec trois chiens, entre Chars et Marines, non seulement dans le dessein de continuer la destruction du gibier de dessus les terres, mais encore d'assassiner les gardes et tous ceux qui se présenteraient pour vouloir empêcher leurs desseins ».

La scène se passe en 1703, un an après la mort du fils du maréchal de Créquy, tué en Italie à la bataille de Luzara. On pourrait croire que l'audace des braconniers s'enhardit de la faiblesse de la dame de Chars. Il n'en est rien : les mêmes désordres se reproduisent sous les divers seigneurs de la baronnie et « le coup du fils Brunet » se renouvellera quinze ans plus tard sous le marquisat de M. de Rivié.

Les paysans s'en mêlent. Les fermiers, les meuniers, les gardes-moulins, les bûcherons et les bergers se livrent sans vergogne, de jour et de nuit, même « au cler de la lunne » à des furetages, colletages, affûts et fusillades dans les bois de Chars, du Boisfranc, de Santeuil, de Bazancourt et « autres lieux circonvoisins ». Un certain fermier du Boisfranc, le sieur Jacques Dubray, possède « deux grands chiens, un noir et un rouge » qui courent le lièvre d'une façon impertinente à travers « les aulnoys, les hayes, les marais et les prés avoisinant le moulin de Clochart ». Une ordonnance du bailli de Chars défend à tout possesseur de chiens de les sortir de la maison sans les avoir munis d'un « cordon » ou carcan destiné à leur rendre impossible la foulée des récoltes et des bois. Jacques Dubray se moque de l'ordonnance.

— Pourquoi, dit le garde au fermier, tes chiens n'ont-ils pas le cordon ?

Le fermier répond par des injures.

— Si je les trouve, je les tuerai, s'écrie le garde.

— Si tu fais mal à mes chiens, réplique l'autre, je te casserai la tête d'un coup de fusil.

Le propos est violent ; il faut dire qu'il n'est pas rare. Nous sommes ici en 1717, sous la Régence, en un temps de relâchement général. On sent comme un abaissement du prestige seigneurial et on assiste à une forte poussée d'émancipation du côté des paysans.

Veut-on connaître le nouveau « coup du fils Brunet » perpétré en l'année 1717 ? Le procès-verbal qui le relate est d'une effrayante longueur, mais il est curieux et instructif. Ce sera, d'ailleurs, notre dernier mot sur le braconnage au temps de J.-B. Le Maistre :

Procès-verbal de chasse nocturne :

Le 17 décembre 1717, à 7 heures matin, est comparu devant nous Louis-Jacques le Maire, dit La Fontaine, garde des bois et chasses de la seigneurie de Chars et Marines dem[t] à Chars. Lequel a déclaré qu'en faisant les fonctions de sa charge il avoit entendu tirer plusieurs coups de fusil au cler de la lunne à l'heure de minuit, le long du bois de Chars et se seroit transporté le long dud. bois accompagné de son fils ayant deux chiens avec lui pour l'avertir au cas qu'il y eut quelqu'un dans les bois. Et estant le long du vieux pavé ses chiens se sont mis à abboyer, ce qui l'a obligé d'avancer pour voir ce que c'étoit. Il auroit apperçu 2 hommes qui auroient chacun un fusil. Il auroit avancé pour les reconnoitre précisément ; se seroient retirés dans le fond du bois et comme les dits chiens continuoient à les suivre à la boy ce que les dites personnes voyant ils auroient tué un des d. chiens. Le dit Lemaire-Lafontaine voyant cela se seroit retiré pour se mettre en embuscade autour du dit bois pour voir s'il ne verroit sortir personne. Il auroit envoyé son fils du costé de Chars pour le même effet et ledit Lemaire se seroit posté, entre le grand chemin de Marines et le petit Pré et ayant esté un espace de temps au dit lieu auroit aperçu cinq hommes ensemble qui sortoient de dedans le bois et avoient chacun un fusil, qui venoient droit au Petit-Pré. Le dit le Maire les voyant aller auprès luy se seroit coulé le long de la haye pour savoir ce que c'estoit. Il auroit reconnu des d. cinq personnes le nommé Du Carrey et son fils dem[t] à Neuilly, le nommé Palin chartier de M. de Neuilly et attendu leur audace et leurs mauvaises intentions, les auroit laissé passer sans leur parler. Et les dites personnes continuèrent leur chemin le long du petit ruisseau qui passe entre la métairie et les vignes de Marines pour joindre le chemin de Neuilly ce qui auroit obligé le dit Lafontaine de faire le présent rapport qu'il affirme devant nous estre véritable et offre de réiterer la d. affirmation partout où besoin sera — dont acte est signé avec nous.

Delisle, proc[r] à Marines *(Pour l'absence)*.
Le Maire dit La Fontaine, garde.

Dans cette aventure le chien du garde fut plus brave que son maître. La pauvre bête mourut au champ d'honneur et paya de sa vie son loyal et professionnel « aboy ». Il est probable que Jacques Dubray ne fut point navré de ce *canicide*.

Nous avons cherché vainement la sentence de J.-B. Le Maistre contre les trois délinquants reconnus et désignés par le garde Lafontaine. Il est à croire que le sieur Brunet, qui était de la partie et dont, par prudence, le garde a laissé le nom dans l'ombre, intervint auprès du seigneur de Marines pour sauver de la hart ses trois complices qui ne l'avaient que trop méritée.

Il est temps de nous entretenir des emplois de judicature administrative que remplit J.-B. Le Maistre sans cesser d'exercer ses magistratures seigneuriales.

Leur énumération tirée de son livre de raison fera revivre un instant devant nous deux importantes institutions de l'ancien régime : l'Élection et le Grenier à sel.

Les Offices de J.-B. Le Maistre :

1686. Conseiller Élu grenetier et contrôleur en l'Élection du Grenier à sel de Pontoise.

1691. Lieutenant Civil et Criminel en l'*Élection en chef* de Pontoise.

1696. Grenetier du Grenier à sel et Président de l'Élection de Pontoise.

1705. Receveur du Grenier à sel.

Le Grenier à sel était une juridiction royale établie depuis l'année 1340, jugeant en première instance les questions concernant les gabelles, la distribution du sel et les contraventions aux ordonnances fiscales. Ce tribunal était composé d'un président, d'un lieutenant, d'un contrôleur, d'un avocat et d'un procureur du roi. L'appel ressortissait en la Cour des Aydes.

Expliquer par le menu le jeu de cette institution, le rôle de l'Élu, l'établissement de l'Élection en chef à Pontoise réunissant le Grenier à sel à l'Élection, les multiples mutations de la carrière de J.-B. Le Maistre dans ces divers offices, nous entraînerait à un grand détour. Il nous faudrait entrer dans l'examen approfondi des perturbations administratives amenées par les nombreux édits bursaux qui, loin d'atténuer la formidable crise financière de la fin du règne de Louis XIV, ne firent que l'aggraver. Ce travail dépasserait les limites de notre modeste notice. Aussi nous bornerons-nous à relever quelques particularités concernant le Grenier à sel et le titulaire des offices ci-dessus énumérés, en faisant remarquer *hic et nunc* la singulière et puissante aptitude dont est doué J.-B. Le Maistre, habile à exercer simultanément des emplois si divers, et unissant à la quiétude et à l'autorité réfléchie du juge seigneurial, l'activité et la vigilance de l'Administrateur fiscal.

Le tribunal de l'élection de Pontoise, une juridiction d'ordre secondaire et purement fiscale, était composé d'élus et d'officiers du Grenier à sel, qui payaient un droit d'entrée en fonctions et recevaient des gages. Deux pièces officielles [1] vont nous fixer sur l'importance financière de ces opérations. L'une constate le versement par J.-B. Le Maistre, le 29 août 1686, « de la somme de trois cent vingt-quatre livres pour le Marc d'Or de l'office d'Élu en l'Élection de Pontoise, suivant l'état arrêté au Conseil le 7 août 1685 ». On sait que le Marc d'Or était un impôt prélevé sur tous les offices de France à chaque changement de titulaire. L'autre pièce constatant, à la date du 17 octobre 1691, la réception de J.-B. Le Maistre à l'office de Lieutenant de l'Élection à Grenier à sel de Pontoise, l'inscrit pour « 1600 livres de gages ».

(1) Archives nationales. — Fonds Florimond, K. 1243, dossier 5. (Communication due à l'obligeance de M. Raulet, membre de la Société du Vexin).

Les bourgeois et notables de la ville recherchaient particulièrement ces offices auxquels étaient attachés des privilèges utiles et honorifiques. « Le plus souvent, dit Chéruel, on achetait, avec une charge de judicature ou de finance, le privilège de n'être pas soumis à certains impôts et de dépendre d'une juridiction particulière ».

Le grenier à sel fonctionnait à Pontoise dès le XIVe siècle. Nous possédons dans nos archives un mandement des généraux conseillers des Aides de Paris, daté de 1371, assignant à un sieur François Chantesme, receveur général des Aides, une somme de « sept cent francs d'or à prendre sur le sieur Raoulin le Blont, grenetier du grenier à sel de Pontoise ».

A la fin du XVIe siècle un sieur Pierre Bonfons était « controolleur » de notre grenier. Il paraît que la fonction n'était pas absorbante, car « pour employer le trop de loisirs que lui donnait sa vacation », il entreprit la publication de plusieurs recueils de poésie et d'histoire. Dans la préface de son recueil historique [1], rare par sa date, mais peu intéressant quant à son contenu, il adresse aux lecteurs, avec une modestie qu'on appréciera, les paroles suivantes : « Messieurs, je vous ai déjà fait présent des fleurs des plus excellents poètes de ce temps, que j'avois curieusement ramassées sur le Parnasse de notre France ; et maintenant je vous présente ce Recueil, lequel (comme un rayon de miel), est composé du suc des plus soüefues fleurs qui soient dans les jardins de nos plus renomez autheurs et curieux historiens ».

Sa première inspiration — c'était peut-être la bonne — fut de garder ses recueils « dans son étude ». Mais en agissant ainsi, n'était-ce point trahir l'art ? Cette idée le préoccupe : c'est aux gens dépourvus d'art, se dit-il, qu'il convient de fermer la boutique :

Chi non sa far l'arte, serri la bottega

Fort de ce proverbe italien qu'il prend pour devise, Pierre Bonfons publiera chez Nicolas Bonfons, son père,

(1) Les Fastes antiquitez et choses plvs remarquables de Paris. Labeur de curieuse et diligente recherche divisé en trois liures. Par M. Pierre Bonfons, parisien, controolleur au grenier à sel de Pontoise. A Paris par Nicolas Bonfons, rue Neufue Nostre-Dame, enseigne Saint Nicolas, M DC VII, avec privilège du Roy.

libraire à Paris, à l'enseigne de Saint-Nicolas : *Les fastes antiquitez et choses les plus remarquables de Paris.*

L'ouvrage est lourd et diffus, c'est une compilation de l'œuvre de Gilles Corrozet et des *Recherches de la France*, d'Etienne Pasquier. On y trouve sur les Élus quelques pages qui présentent un médiocre intérêt. Véritablement le livre de ce contrôleur des gabelles manque de sel et il nous sera permis de lui appliquer, en le disloquant, ce vers de Catulle [1] : *Nulla in tam somnigero est libro mica salis.* Bien différent sera le livre *des Plaideurs*, de Jean Racine, fils d'un contrôleur de grenier à sel, où l'auteur se plaira à jeter à pleines mains le sel le plus fin de l'esprit français.

La famille de Bonfons fut en possession de l'office de contrôleur du grenier à sel de Pontoise pendant près d'un siècle. Un Simon de Bonfons, qui avait cueilli en chemin la particule nobiliaire, était contrôleur dudit grenier, en 1650, sous la présidence de Jean de Saint-Denis, conseiller du roi et père de l'auteur du *Journal* qui nous a si bien renseignés jusqu'ici et qui va nous livrer un dernier détail sur les Bonfons pontoisiens :

> Ce 4 juin 1726 madame de Bonfons, veuve du sieur Simon de Bonfons, cy-devant contrôleur du grenier à sel dans le temps que mon père était président, est morte. Elle a laissé deux filles et a été inhumée à St-Maclou.

A partir du milieu du XVIIe siècle jusqu'à la Révolution, on compte parmi les principaux officiers du Grenier à sel et de l'Élection de Pontoise, MM. Jean de Saint-Denis — Bonaventure Seigneur — Nicolas Favier — Guérin — Jean Gruel — J.-B. Le Maistre — J.-B. Oudaille — Bosc du Bosc — Charles le Tavernier de la Mairie — Antoine Lée — François Bessin — Bonfons — Sandrin — J.-B. Depoin — Le Clerc — Murquinet — Pierre Hugues Élisabeth Fontaine-Desnoyers, etc...

Le Tribunal de l'Élection n'était pas, nous l'avons déjà dit, une justice d'apparat. C'était une assemblée très modeste, connaissant des questions fiscales dans un milieu terre à terre,

(1) Catulle a écrit : *Nulla in tam magno est corpore mica salis.* On sait que Jean Racine se délectait de la lecture de Catulle.

et devant un public restreint composé de gens besogneux et de fraudeurs vulgaires. Les Greffiers et Procureurs avaient accoutumé de se présenter devant ce Tribunal dans une tenue relâchée qui en affaiblissait encore le prestige. Un président de l'Élection se plaint de ces inconvenances dans les termes suivants :

« 1686. 11 décembre. — *A MM. les officiers de l'élection de* » *Pontoise.*

« Mesieurs, j'ai appris que les greffiers et procureurs se trouvent » ordinairement à votre audience d'une manière indécente et qui » n'est pas conforme à ce qui se pratique dans les autres élections. » Je crois que vous devez les obliger de s'y rendre en robes et » bonnets, afin que les choses se passent plus honnestement pour » vous et que vous observiez le même usage des autres sièges.

» Je suis fort véritablement votre humble et très affectionné » serviteur.

» Bosc du Bosc. »

Il ne faut pas dédaigner ces petits papiers qui paraissent sans importance et que l'on rencontre parfois dans les volumineux dossiers des temps passés. De même qu'avec quelques miettes ramassées sous la table du festin on peut en reconstituer le menu, de même avec ces billets intimes on arrive à éclairer certains côtés obscurs des mœurs d'une époque. — Nous sommes en 1686. — La vigoureuse campagne des Grands-Jours, les puissantes créations de Colbert ont régénéré l'administration. Les intendants poursuivent dans les provinces ces grandes réformes et les subdélégués dans les élections les appliquent à leur tour. C'est ce mouvement de réformation qui inspire le petit mot de M^e^ Du Bosc. On peut être assuré que J.-B. Le Maistre, récemment installé à l'élection de Pontoise, saura réprimer toutes les indécences, et que désormais les procureurs et les greffiers ne paraîtront plus au tribunal sans être revêtus du bonnet et de la robe, ces insignes, légèrement funèbres, de leurs formidables fonctions.

On procédait, au tribunal de l'élection de Pontoise, à l'enregistrement des lettres de provisions d'offices et à la réception des fonctionnaires attachés au grenier à sel et à l'élection. Parmi les officiers installés par J.-B. Le Maistre nous rencontrons François Pihan de La Forest, procureur du roi au grenier à sel (1693) — Pierre Delacour, bourgeois de Pontoise, greffier en chef de l'élection (1706) — Jean Delacour, praticien, fils du précédent, succédant à son père (1716) — Pierre Le Clerc, au faubourg Notre-Dame de Pontoise, maître maçon, promu à l'office d'expert (1694) — plusieurs médecins de l'élection, produisant leurs brevets, et un grand nombre de nominations de receveurs de tailles (1689-1694).

En l'année 1689 J.-B. Le Maistre dresse et écrit entièrement de sa main un état des privilégiés de la ville de Pontoise dont nous reproduisons le texte :

Etat des enregistrements faits en l'élection de Pontoise par les nobles et officiers des maisons royales, demeurant dans l'étendue de ladite élection, de leurs lettres et provisions pour y jouir de leurs privilèges et exemptions. Ledit état fait pour l'exécution de l'ordonnance de Mgr l'intendant de la Généralité de Rouen, publié et affiché en la ville de Pontoise, le 1er octobre 1689, cotté et paraphé en toutes ses feuilles par nous officier de ladite élection, soussigné.

Le Maistre.

I. Jérosme Tavernier, valet de chambre de la feue reine, demeurant à Pontoise.

II. François Drouillard, garde des grandes écuries des écoles et des chasses, dt à Marines.

III. François de Boutiller, écuyer seigneur de Margimont, demt au Heaume.

IV. Nicolas le Gros, chef de panneterie chez M. le Dauphin, dt à Pontoise.

V. Michel de Hollande, chef de fruicterie chez M. le duc d'Orléans, dt à Pontoise.

VI. Antoine Favée, huissier de salle chez le Roy, dt à Pontoise.

VII. Jean Soret, contrôleur chez la Reine, dt à Pontoise.

VIII. Charles Le Maistre, fourrier de la maison de feu M. le duc d'Orléans, dt à Pontoise.

IX. J.-B. Duval, médecin ordinaire de S. A. Mgr le Prince de Conti, dt à Pontoise.

X. André Le Cousturier, valet de chambre de feue Mme la duchesse douairière d'Orléans, dt à Pontoise.

XI. Charles Cossart, fourrier de M. le duc d'Orléans, dem^{t} à Pontoise.

XII. Le sieur de St-Quentin, maintenu en qualité de noble, dem^{t} à Pontoise.

XIII. François Malfuzon, huissier de salle chez Madame, dem^{t} à Pontoise.

XIV. Marie Foubert, veuve de Jacques Mazières, vivant, valet de chambre de feu M. le duc d'Orléans, dem^{t} à Pontoise.

XV. François Fournier, aide de fourrière chez feue la Reine, dem^{t} à Pontoise.

XVI. Claude Terrier, huissier de salle, chez feue la reine, dem^{t} à Pontoise.

XVII. Le sieur Robert Dardet, sert d'eau (1) chez Madame la Dauphine, à St-Ouen.

XVIII. Demoiselle Agnès Cayer, veuve André Terrier, vivant huissier de salle chez feue la reine, dem^{t} à Pontoise.

XIX. Pierre Thiboust, valet de chambre chez M. le duc d'Orléans, dem^{t} à Pontoise.

XX. Pierre Coquart, chef d'échansonnerie de la Reine, dem^{t} à Auvers.

XXI. Le sieur Girardelet, fourrier de la grande Chancellerie, dem^{t} à Cormeilles.

XXII. Le sieur Guibert, chef de fruicterie du Roy, dem^{t} à La Villeneuve le roy.

XXIII. Mre François de Berbisy, chevalier seigneur de Herouville y dem^{t}.

XXIV. Simon Chasson, huissier de chambre de feue Madame la duchesse douairière d'Orléans.

XXV. D^{elle} Claude de Cany, veuve de Pierre Cousturier ancien garde du corps, dite la demoiselle de La Pierre.

XXVI. La dame Seigneur, veuve de Martin Seigneur, vivant secrétaire du Roy.

XXVII. La dame de Monthiers, veuve de Pierre de Monthiers, vivant président du baillage de Pontoise. Enregistrement des lettres de noblesse de sa famille.

XXVIII. La demoiselle de la Verne, enregistrement des lettres de noblesse du sieur Le Tellier, son mari, prévot maire de Pontoise.

Ce tableau nous permet de constater qu'un certain nombre d'officiers de la Maison du roi et des princes habitaient Pon-

(1) Serdeau (Trévoux).

toise à la fin du XVIIe siècle et que depuis le valet de chambre jusqu'au sert d'eau, tous jouissaient de nombreux privilèges et exemptions. On sait que Molière porta le titre de valet de chambre du roi jusqu'à sa mort, arrivée en 1673. On recherche de tous côtés un exemplaire de l'écriture de l'auteur du *Misanthrope*, peut-être en retrouverait-on un spécimen dans les déclarations qu'il dut faire à l'Élection de Paris, d'où ressortissait sa petite maison d'Auteuil, pour jouir du bénéfice des exemptions et privilèges attachés à sa charge.

En réunissant à l'état de nos privilégiés les noms des personnages divers par nous cités en cette étude, on aura le tableau authentique d'une partie importante de la société pontoisienne, vivant sous le règne de Louis XIV et contemporaine de J.-B. Le Maistre.

Encore un mot du Grenier à sel.

A certaines époques le grenetier du Grenier à sel était tenu de se transporter, accompagné de son greffier, « dans une des paroisses de son Grenier ». Ces excursions n'avaient pas, on le devine, l'attrait des chevauchées paisibles du juge seigneurial. L'expédition fiscale, entourée de ruses, de surprises et de dangers, demandait du flair, de la résolution et de la vigueur.

Deux mulets cheminaient, l'un d'avoine chargé,
L'autre portant l'argent de la gabelle.
. . . .
Sur le mulet du fisc une troupe se jette
Le saisit au frein et l'arrête. (1)
. . . .

Le monopole du sel appartenait autrefois à l'État, comme aujourd'hui le monopole du tabac. Les fraudeurs, qu'on appelait les faux sauniers, étaient nombreux et audacieux. La répression se montrait toujours sévère et souvent implacable. Un seigneur convaincu de faux saunage perdait sa noblesse et ses charges, et sa maison était rasée. Les vulgaires fraudeurs étaient punis des galères ou envoyés à la potence.

Dans toutes les provinces du royaume et surtout dans

(1) La Fontaine : *Les Deux Mulets*.

les provinces frontières, en Picardie, en Dauphiné, dans le Roussillon et même dans la Normandie, l'organisation des fraudeurs était redoutable. L'intendant de Caen mande, en 1707, au contrôleur général [1] : « Le faux saunage ne se fait plus comme autrefois par adresse et par industrie, mais à force ouverte et à main armée. En sorte que les faux sauniers vont maintenant en plein jour, par bande de cinquante à quatre-vingts, avec port d'armes, attaquer les brigades des archers du sel partout où ils les rencontrent, pillant et brûlant les maisons où on ne veut pas les recevoir ».

L'audace des faux sauniers devint telle qu'ils attaquèrent en troupes nombreuses les armées du roi et parvinrent un instant à s'emparer de vive force de quelques villes importantes. Les populations se montraient favorables aux fraudeurs, d'abord parce qu'elles les redoutaient, ensuite parce qu'elles recevaient à bas prix, par leur canal, du sel meilleur que celui de l'État. On se souvient du trop fameux Mandrin, un brigand galant et courtois à ses heures, mais invariablement féroce vis-à-vis des gens de la gabelle et de la maréchaussée. Ce fut un des plus audacieux faux sauniers de la première moitié du XVIIIe siècle, si troublée par les exactions des fraudeurs. Pendant plusieurs années ses intelligences avec les paysans lui permirent d'échapper au châtiment, mais il finit par être pris à Valence où il fut jugé, « roué vif et étranglé », en 1755.

Nous n'avons pas rencontré dans l'élection de Pontoise, « sur le faict du faux saunage », des évènements de cette gravité, ni des fraudeurs de cette audace, d'où il suit que l'Élu, grainetier et lieutenant criminel du Grenier à sel de notre ville, n'eut point à exercer ses foudres vengeresses sur de grands coupables. Il éprouva toutefois maintes alertes dont il sortit triomphant grâce à sa prudence. C'était d'ailleurs un magistrat très bon et très humain. Nous en avons pour garant son panégyriste qui l'appelle « le père du peuple ».

Les places honorifiques et municipales qui furent dévolues à J.-B. Le Maistre témoignent de la considération générale dont jouissait ce digne citoyen. Prévôt de la confré-

(1) A.-M. De Boislisle : *La Correspondance des Contrôleurs généraux des finances.* — Imprimerie Nationale, 1883.

ric aux Clercs, administrateur perpétuel de l'hôpital des l'enfermés, premier marguillier de Saint-Maclou, premier échevin de la ville, tous ces emplois remplis avec zèle et désintéressement donnent la mesure de sa notoriété, de son amour du bien public et de son dévouement pour ses concitoyens.

L'échevinage ne paraît pas avoir été envié aux XVIIe et XVIIIe siècles. J.-B. Le Maistre nous apprend qu'au mois d'août 1696, le cardinal de Bouillon, seigneur engagiste de Pontoise, voulut le nommer premier échevin. « L'aïant supplié de m'en dispenser, dit-il, il a bien voulu, pour me faire grâce, en nommer un autre ». Mais son mérite ne lui permit pas d'échapper longtemps à sa destinée, et le 16 août 1717, sur l'invitation formelle de Monseigneur le duc d'Albret, nouveau seigneur engagiste, il dut se résigner à exercer lesdites fonctions.

Réfractaire à cet honneur, Me Soret, receveur des décimes de la ville de Pontoise, protestait à son tour, en 1767, contre sa nomination aux fonctions d'échevin dont les embarras, selon lui, « étaient incompatibles avec les droits de sa charge ». L'Assemblée des notables a contre-protesté, disent les *Notes* de M. Le Vallois, et chargé le sieur Jolly, échevin, de faire assigner le sieur Soret refusant, par devant M. le lieutenant général, pour se voir condamner à accepter les fonctions d'échevin. — Conseiller municipal malgré soi et par autorité de justice ! Une pareille cruauté ne trouverait pas à s'exercer de nos jours, la torture ayant été depuis longtemps abolie.

En 1701, J.-B. Le Maistre, déjà comblé d'emplois, fut appelé par Mre Jean Phélypeaux, intendant de la Généralité de Paris, aux fonctions de *subdélégué* de l'Élection de Pontoise.

L'Élection était une subdivision territoriale et administrative de la Province, comme l'Arrondissement est une subdivision territoriale et administrative du Département ; l'intendant peut être assimilé au préfet, le subdélégué au sous-préfet. L'intendant servait d'intermédiaire entre le roi et les provinces ; les subdélégués furent créés pour servir d'intermédiaires entre les paroisses et l'intendant. Nous n'entrerons pas dans le détail des attributions d'un subdélégué. ce sont celles d'un sous-préfet ; elles s'étendent à toutes les branches de l'Administration publique, à la justice, aux finances, à la police, à la politique.

Les intendants furent institués par Richelieu en 1636. Les subdélégués, dont le choix et la nomination étaient exclusivement réservés à l'intendant auquel ils obéissaient passivement, n'apparaissent guère que dans la deuxième moitié du XVIIe siècle. La première indication rencontrée par nous, d'un subdélégué résidant à Pontoise, se trouve dans une lettre adressée le 21 décembre 1689, par Michel Chamillart, intendant de la Généralité de Rouen, au contrôleur général des finances, à Paris. Les échevins de Pontoise avaient demandé à l'intendant de nommer un officier pour assister au département des tailles, afin d'empêcher les collecteurs « de soulager leurs amis au détriment des autres contribuables ». L'intendant rendit une ordonnance désignant pour cet objet le lieutenant-général de Pontoise, « qui est, dit-il, *mon subdélégué* », plus un Élu et un receveur des tailles.

Avant de signaler le nom du subdélégué appelé à contrôler les « soulagements » des collecteurs des tailles, rendons compte brièvement du petit conflit administratif qui s'éleva entre les collecteurs et l'intendant à propos de l'ordonnance de ce dernier. Les collecteurs prétendant jouir du droit absolu de n'être pas contrôlés, s'empressèrent de demander aux autorités supérieures l'annulation de ladite ordonnance. L'intendant expose et combat leurs prétentions dans la note suivante qui figure au bas de sa lettre du 20 décembre 1689 adressée au contrôleur général :

> Les Collecteurs ont tenté, dit-il, de se pourvoir à la Cour des Aydes. On ne les a pas voulu écouter ; ils se sont ensuite adressés à vous. Ils mériteroient d'être punis de leur résistance. Nous ne donnons ces ordonnances que pour les lieux où il y a de l'abus, et souvent sur la demande qui en est faite par les communautés(1) ; nous devrions avoir l'autorité entière pour les faire exécuter. Comme elles ne vont qu'au bien, il est fascheux de voir ces ordonnances sans exécution.

Il est très évident que l'ordonnance de Mgr Michel Cha-

(1) On appelait Communautés les assemblées de village, sous l'ancien régime.

millart « allait au bien », mais la phrase résignée qui termine sa note semble indiquer qu'elle ne répondait pas également au droit, et il est fort probable qu'à la grande jubilation des aimables collecteurs pontoisiens l'ordonnance resta sans exécution.

Cette grave question du contrôle des collecteurs n'était pas encore résolue quinze ans plus tard, alors que Mgr Michel Chamillart, sorti de l'intendance de Rouen, occupait à Paris la place éminente de Contrôleur général des Finances. Il écrivait en effet, en 1705, à M. Le Camus, premier président de la Cour des Aydes à Paris : « Le pouvoir absolu que les collecteurs ont de régler le taux de chaque particulier selon leur passion ou leur intérêt fait un désordre inexprimable ». Nos ancêtres voyaient l'abus, mais avant de le détruire, ils mûrissaient longuement la réforme. Nous exécutons de notre temps des réformes à la vapeur. On en a décrété un si grand nombre dans notre siècle qu'il est permis de croire à la suppression presque totale des abus. Si bien qu'il n'y a plus guère de place aujourd'hui que pour une dernière et suprême réforme : la réforme des réformateurs.

Le lieutenant-général de Pontoise en exercice, en 1689, était messire Pierre II de Monthiers, seigneur du Fay-Mardalin et Ripernelle, fils de Pierre Ier de Monthiers resté président du baillage après s'être dessaisi, en 1676, de la charge de lieutenant-général en faveur de son dit fils. C'est donc Pierre II de Monthiers qui réunissait, en 1689, aux fonctions de lieutenant-général du baillage, celles de subdélégué de l'Élection de Pontoise. Il joignit à ces charges, en 1699, celle de lieutenant de police, récemment créée ; on peut dire de lui qu'il était un exemple vivant d'un cumul sans limites.

Nous dirons, incidemment, quelques mots de la famille du personnage investi de tant de fonctions pour revenir ensuite à la question du cumul.

Pierre II de Monthiers, subdélégué de l'élection de Pontoise, eut deux fils : Pierre III et Jacques. — Le premier, une de nos vieilles connaissances, épousa, en 1709, Louise Le Maistre, veuve Oudaille. J.-B. Le Maistre l'appelle familièrement « Monsieur Dufay, mon gendre », et nous apprend qu'il fut installé à l'office de Président Lieutenant civil et criminel du baillage de Pontoise en 1714. Nous savons qu'il s'en démit en 1731 et qu'il mourut sans postérité à Villotran en 1743 (1). — Le second, Jacques de Monthiers, frère puîné du précédent, remplit les fonctions de procureur du roi au baillage de Pontoise, de 1714 à 1731 et recueillit, à cette dernière date, les offices de président lieutenant-général résignés par son frère aîné.

Plus heureux que son aîné, Jacques de Monthiers, procureur du roi, eut deux fils dont nous nous sommes entretenus un instant au chapitre de l'éducation de J.-B. Le Maistre. C'étaient « ces jeunes messieurs de Monthiers », dont Jean de Saint-Denis signale la présence au collège de Pontoise, répondant avec succès « sur le livre d'Horace » et jouant avec distinction l'*Athalie* « de monsieur Racinne ». Nos jeunes collégiens devenus grands furent successivement — eux et leurs descendants — présidents et lieutenants-généraux du baillage de Pontoise jusqu'à la Révolution.

Ce petit bout de généalogie de la famille de Monthiers, qui occupa, pendant près de trois siècles, les plus hautes fonctions du baillage de Pontoise, nous était imposé comme complément nécessaire du chapitre consacré par nous à la filiation et aux alliances de J.-B. Le Maistre. Il va nous permettre, par surcroît, de tirer au clair un incident local assez piquant qui a trait aux relations des de Monthiers avec les Jésuites de Pontoise.

Henri Le Charpentier, dans son intéressante brochure déjà citée, *Les Jésuites à Pontoise*, reproduit un *État de Catholicité* dressé à la Résidence établie en cette ville. Sur ce registre où les Pères Jésuites consignaient, pour l'enseignement particulier des directeurs successifs de l'établissement, les noms des notabilités pontoisiennes, amies ou ennemies de leur ordre, nous relevons les citations suivantes :

Madame Duval (sœur de MM. de Monthiers), grande amie des Jésuites.

(1) Pihan de La Forest, dans son *Eloge de Messire Jacques de Monthiers*, [Paris, vᵉ Hérissant, 1783] dit (page 10), que Pierre III de Monthiers mourut sans postérité en 1731. Le manuscrit de J.-B. Le Maistre nous permet de rectifier cette dernière date. Pierre III mourut à Villotran en 1743, ainsi qu'il résulte d'ailleurs surabondamment de son extrait mortuaire reproduit au chapitre III de cette notice.

M. Le Vallois, curé de St-Maclou où nous préchons la dominicale. Bon catholique et notre amy, quoique un peu froid.

M. Fossart, gentilhomme, amy des Jésuites ; sa femme nous aime encore plus.

M. de Monthiers, lieutenant g[al] et son frère, chevalier de St-Louis ; l'un et l'autre sont polis mais se déclarent pour n'aimer pas les Jésuites.

Quels sont les messieurs de Monthiers, si peu aimables pour les Jésuites, dont il est ici question ? Il faut remarquer que l'état de catholicité ne porte aucune date et que les inscriptions s'y font sans ordre régulier à des époques variables, ce qui rend difficile une désignation précise. Hâtons-nous, toutefois, de déclarer qu'il ne s'agit, ici, en aucune façon, de Pierre II de Monthiers dont nous venons d'esquisser la généalogie, personnage au dernier bien avec les Jésuites de Pontoise, ainsi qu'il résulte d'un document que nous allons reproduire.

Le R. P. de la Rue, l'un des jésuites les plus érudits de son temps, auteur de nombreuses comédies et tragédies représentées dans les collèges — l'auteur, peut-être, du *Mauvais Riche* — fut, pendant les dernières années du XVIIe siècle, le plus éminent Résident de la Maison de Pontoise. Envoyé en mission dans le Languedoc, en l'année 1700, il écrivait la lettre suivante au contrôleur général des Finances à Paris :

De Monpellier, 21 septembre 1700.

. . . .

Ne serai-je point téméraire, Monseigneur, de vous recommander en finissant la fortune du pauvre lieutenant général de Pontoise, M. de Monthiers ? Je sais que depuis longtemps vous avez eu de la bonté pour lui ; je sais qu'il en a plus de besoin que jamais. Cela m'enhardit à vous supplier de ne pas l'oublier. Tout ce qui est de Pontoise m'est cher, mais lui principalement qui est, si j'ose le dire, ce qu'il y a de meilleur.

Le contrôleur général écrivit de sa main au dos de cette lettre : « Faire réponse au Père de la Rue. Lui mander que j'aime M. de Monthiers et que j'aurai soin de lui » (1).

(1) Correspondance des Contrôleurs généraux des Finances avec les Intendants. T. II, page 56.

Voilà qui est clair et péremptoire et qui éloigne toute idée de froideur, au commencement du XVIIIe siècle, entre la Résidence de Pontoise et notre lieutenant-général. Il faut penser qu'après une recommandation si délicate et si chaude Pierre II de Monthiers, lieutenant-général en 1679, subdélégué en 1689, lieutenant de police en 1699, n'attendra pas longtemps la place de président du baillage.

Ce n'est donc pas lui, ce ne fut pas davantage son fils Pierre III, gendre de J.-B. Le Maistre, qui « se déclarèrent pour n'aimer pas les Jésuites ». A lire attentivement les titres et qualités donnés à MM. de Monthiers dans l'État de catholicité, il y a toute vraisemblance qu'ils s'appliquent à nos collégiens férus d'Horace et d'*Athalie*, frottés de jansénisme, qui furent appelés à prendre, au milieu du XVIIIe siècle, la haute direction du baillage de Pontoise. Louis XIV avait favorisé les Jésuites, Louis XV les persécuta et finit par les expulser. On trouve dans le petit incident d'histoire locale, que nous venons d'exposer, le reflet de ces grands évènements d'histoire générale. Chez nous le grand-père avait aimé les Jésuites ; ses petits-fils, oubliant les services rendus, se sont montrés vis-à-vis d'eux des juges très sévères. Ces variations dans les sentiments de l'homme, ces mobilités, ces défaillances dans les meilleures maisons, n'est-ce pas là l'éternel et triste apanage de la pauvre humanité ?

Revenons au cumul.

Il ne faudrait pas croire que le cumul fût une loi de l'État. Ce n'était qu'un usage très enraciné dans les mœurs, objet d'ailleurs de critiques constantes et auquel le roi, les contrôleurs généraux et les intendants, se montraient très hostiles.

L'intendant de Soissons écrit, en 1684, au contrôleur général des finances : « Je vois les premiers officiers des présidiaux et des baillages affecter de prendre des charges d'Élus et — de premiers juges qu'ils sont — devenir, contre l'honneur de leur charge, les derniers de ces compagnies ». De son côté, le contrôleur général Le Pelletier de Mortfontaine mande ce qui suit, en 1686, à l'intendant de la Généralité de Rouen : « Le roy a été surpris d'apprendre que le cumul des places les plus diverses est chose habituelle dans la province de Normandie, et il y voit une source de défauts et d'abus dans l'Administration de la justice ».

Simples protestations de sentiment! Le roi lui-même ne peut détruire cette coutume dont, il faut bien le reconnaître, la raison d'être est si puissante à certains points de vue, qu'elle se continue jusque dans nos pratiques modernes. N'est-ce pas le cas, en l'élargissant un peu, de répéter l'aphorisme de Montesquieu : Les mœurs sont plus fortes que les lois — et que les rois.

Nous venons de constater qu'en 1689, l'intendant de *Rouen* avait pour subdélégué, à Pontoise, Pierre de Monthiers; nous avons signalé plus haut la nomination à la même fonction, en 1701, de J.-B. Le Maistre, par l'intendant de *Paris*. Du lieu différent d'où partent ces deux promotions, il faut conclure que l'Élection de Pontoise passa, à la fin du XVIIe siècle [1], de la Généralité de Rouen à la Généralité de Paris, réforme qui reçut d'ailleurs à cette époque une application officielle dans toutes les branches administratives de l'Élection.

J.-B. Le Maistre resta subdélégué de l'Élection de Pontoise jusqu'en 1722, époque de sa mort. Il eut pour successeurs dans lesdites fonctions trois administrateurs distingués : 1° Mellon-Bonaventure Seigneur, conseiller du roi, président, prévôt vicomtal de Pontoise; 2° Pierre Pihan de la Forest; 3° Paul-François Pihan de la Forest [2].

Les subdélégués, considérablement amoindris, comme les intendants, par l'établissement, en 1787, des Assemblées Provinciales, furent radicalement supprimés à la Révolution. Il en fut de même de la subdivision territoriale et administrative, appelée l'Élection, que remplacèrent successivement les Districts, les Administrations Cantonales et finalement l'Arrondissement.

Le Livre de Raison de J.-B. Le Maistre ne contient guère de révélations étrangères à sa famille, à sa personne et à ses fonctions. Il consacre exceptionnellement quelques lignes à l'arrivée à Pontoise du Parlement de Paris, lors de

(1) L'ordonnance est de 1691.

(2) Nous avons donné quelques notes généalogiques sur Pierre Pihan de La Forest dans *Trois Catastrophes à Pontoise*. Pontoise : Seyès, 1880.

son exil de 1720. Relevons, à ce sujet, le passage suivant de son manuscrit :

« Le 21 juillet 1720, le Parlement de Paris, composé de toutes les chambres, a esté envoïé à Pontoise pour rendre la justice. Le palais a esté establi dans le couvent des Cordeliers où toutes les chambres se sont plusieurs fois assemblées. La messe rouge a esté célébrée dans l'église des Cordeliers, le 23 novembre 1720, où MM. les Présidents au Mortier, MM. les Gens du Roy et cent quatre-vingt conseillers ont assisté ».

Ces détails, pris sur le vif, sont consignés sur l'heure. Un grand nombre d'auteurs les ayant recueillis postérieurement, à d'autres sources, les ont rapportés et développés dans des ouvrages de fond, sur l'attitude et les travaux du Parlement pendant son séjour à Pontoise ; il est remarquable que tous confirment les termes généraux de la relation inédite de J.-B. Le Maistre et que pas un des faits particuliers relevés par lui n'a été contesté ni contredit. Quelle preuve plus éclatante pourrions-nous donner de la sincérité du manuscrit et de la bonne foi de son auteur !

VI.

La Mort de J.-B. Le Maistre

.-B. Le Maistre, né à Pontoise en l'année 1650, décéda en cette ville en 1722 (1). Voici son acte mortuaire extrait du registre de Saint-Maclou :

L'an de grace mil sept cent vingt-deux, le samedi 23e jour du mois de may, honorable homme Me Jean-Baptiste Le Maistre, avocat en la Cour, conseiller du roy, lieutenant en l'élection de cette ville et grenetier au grenier à sel de Pontoise et subdélégué à l'intendance de Paris, de cette paroisse, âgé de soixante-douze ans, décédé le jour précédent en son logis, après avoir reçu les sacrements de pénitence, eucharistie et extrême-onction et, la messe célébrée, son corps a été inhumé dans cette église, proche la chapelle de Notre-Dame-de-Pitié, à douze heures, par nous prestre, docteur de Sorbonne et curé de St-Maclou de Pontoise, soussigné en présence des témoins souscrits.

De Monthiers. — Seigneur.
Le Gros. — Le Maistre. — De Sauvat.
De Boisadam. — Lefébure. — Cuvernon.
Gautrin. — P. Villot. — J.-B. Marie (curé).
Charton.

Pendant sa longue existence il fut donné à J.-B. Le Maistre d'être témoin des mémorables évènements d'une des époques les plus glorieuses de notre histoire nationale et de prendre une part active aux mouvements particuliers de notre histoire locale. Tout enfant, on le berça aux échos de la Fronde expirante. Les luttes des Condé, des Turenne et des Mazarin, impressionnèrent sa jeunesse. Il assista, dans sa virilité, à l'épanouissement du Grand-Règne, dont sa vieillesse attristée connut le désarroi final ainsi que les déplorables aventures de la Régence.

Nous venons de passer en revue les fonctions variées et

(1) La maison de J.-B. Le Maistre s'élevait à Pontoise entre la rue de la Bretonnerie et la rue du Martroy (aujourd'hui de l'Hôtel-de-Ville). Elle était attenante à l'emplacement sur lequel a été érigé en 1869 la statue du général Leclerc.

multiples de l'homme public ; disons, pour terminer cette notice, quelques mots de l'homme privé.

J.-B. Le Maistre bornait toute son ambition à l'accomplissement du devoir. Il était pénétré de ce sentiment qu'aucun homme ne peut servir utilement son pays ni sa propre fortune, s'il n'est avant tout un laborieux, donnant toutes ses facultés à son état, et un modeste, sachant rester à sa place. Jouissant de la plus rare et de la plus excellente des vertus, il avait au cœur la reconnaissance des services rendus et saisissait avec empressement toute occasion de manifester sa gratitude envers ses bienfaiteurs. A la mort de Louis-Armand de Bourbon, prince de Conty, il s'exprime ainsi : « J'ay une obligation particulière de prier Dieu pour ce bon prince, pour les grâces qu'il m'a faites ». Après avoir tenu le même langage au décès du maréchal de Créquy, il ajoute : « C'étoit le plus grand homme de guerre et le meilleur commandant qu'il y eût alors en France ».

La vive affection qu'il avait pour sa famille se révèle dans les lignes émues qu'il consacre aux siens à l'heure suprême de la séparation éternelle. Quand sa fille Marie lui fut ravie à l'âge de 15 ans, il prononça cette parole de l'Écriture si touchante et si profonde : *Consummata in brevi, explevit tempora multa.* Au décès de son père, mort à l'âge de 80 ans, « avec beaucoup de piété et de confiance en Dieu », il cherche un adoucissement à sa douleur dans le souvenir des heureuses qualités du défunt « qui avoit des dispositions de corps et d'esprit admirables, ayant toujours eu un jugement parfait dans son extrême vieillesse ». Enfin il pleure Marie Mazières avec laquelle il est resté uni pendant plus de 40 années. « Je ne pourrai jamais regretter assez, dit-il, une épouse si vertueuse et qui m'aimoit tendrement ».

Ces généreux sentiments consignés par J.-B. Le Maistre sur son journal au moment même où il les ressent, sont l'expression de la douleur vive et sincère d'un homme de cœur. Il aimait tendrement les siens et les siens l'aimaient tendrement. A sa mort, son gendre et sa fille fondèrent pieusement, dans l'église de Notre-Dame de Pontoise, un anniversaire dont voici le texte :

Le 6 août 1722, Jean-Baptiste Le Maistre, avocat au parlement, conseiller du roy, lieutenant en l'élection et subdélégué de

Mgr l'intendant, étant mort, sa fille Louise Le Maistre et Pierre de Monthiers, sieur du Fay, son mari, fondent pour lui à N.-D. un anniversaire, avec chant de l'hymne *O Gloriosa Domina* des laudes de l'office de la Ste-Vierge devant l'image miraculeuse de Notre-Dame. Ils donnent à l'église une rente annuelle de cent onze sous.

L'oraison funèbre de J.-B. Le Maistre, transcrite par une main amie, le jour même de sa mort, sur son livre de raison, confirme, complète et justifie notre humble appréciation des mérites et du caractère de cet homme de bien :

..... Il a travaillé toute sa vie avec un désintéressement qui est seul capable de faire l'éloge de sa vie. Il étoit le père du peuple ; se chargeoit aussi volontiers et travailloit avec le même zèle aux affaires des pauvres qu'à celles des riches. Il est mort revêtu de plusieurs charges qu'il a toujours fait avec éloge. Il étoit très habile et la preuve de sa probité c'est qu'il a été regretté généralement de tout le pays. Il étoit bon père, bon juge, bon ami, et est mort dans de beaux sentiments et en véritable et parfait chrétien.

Les justes hommages rendus à J.-B. Le Maistre par ses contemporains rencontreront un écho sympathique au sein de notre génération studieuse, si attentive aux œuvres du passé. Nous inscrirons sur le Livre d'Or, réservé aux plus dignes serviteurs de notre cité, le nom trop longtemps oublié de ce citoyen respectable et utile. — Magistrat intègre et humain, fonctionnaire zélé et serviable, bienfaiteur des pauvres, chrétien fervent et éclairé, bon père et bon ami, ce sont là de nobles qualités qu'il est bon d'honorer chez tous les peuples, dans tous les temps et sous tous les régimes.

Pontoise, 15 Mars 1894.

SERÉ-DEPOIN,

Ancien Maire de Pontoise.

Extrait des *Mémoires de la Société Historique et Archéologique de Pontoise et du Vexin*

Tome XVI, pages 39 à 96

MANUSCRIT

DE

JEAN-BAPTISTE LE MAISTRE

ADMINISTRATEUR PONTOISIEN

(1650-1722)

1650. — L'an mil six cens cinquante le semmedj quatorziesme jour de maj six heures du matin, moi Jean Baptiste Le Maistre, fils de Charle, fourier de la maison de Monsieur le duc d'Orléans et de Marie Lefébure, mes père et mère, suis naj, j'aj esté baptizé le mesme jour par me Mellon Soret prestre curé de l'Eglise de St Macloud de Pontoise ; mon parain me Gabriel Dubois, ma mareine Radegonde Lefebure, femme de me Pierre Lefebure, docteur en medecine mes aieul et aieulle maternels.

Le vingneufviesme jour du mesme mois de maj et mesme année la ditte Marie Lefebure ma mère est déceddée, Elle est inhumée soubs l'image de la saincte Vierge qui est au milieu du principal portail de la ditte église St Maclou.

1657. — J'ai receu le sacrement de Confirmation en l'année 1657 aagé de sept ans et cinq mois en l'église des Ursulines de Pontoise

1659. — J'ai esté en la sixiesme du collège de laditte ville au mois d'octobre de l'année 1659 aagé de neuf ans et cinq mois, mon régent me Pierre Mion, prestre.

1662. — Jaj esté receu au sainct sacrement de la communion par Monsieur Le Doux principal dudit collège en l'année 1662 aagé d'unze années et dix mois estant alors en troisiesme soubs Monsieur Goubet mon régent.

1663. — En l'année suivante 1663 a esté représenté au collège une comédie intitulée *Le Mauvais Riche* en laquelle me fust donné un des principaux personnages estant alors aagé de treize ans et en seconde soubs m^e^ Robert Caron, mon régent.

1665. — En l'année 1665 le huict feuvrier ledit m^e^ Pierre Lefebure mon aieul est deceddé. J'estois alors en la première du collège de Pontoise sous le s^r^ Quearnj mon régent.

En la même année 1665 estant aagé de quinze ans et cinq mois jaj esté receu en la seconde du college Du Plessis à Paris soubs le sieur Boucher mon regent et en l'année suivante 1666 jaj fait ma rhétoricque audit college du Plessis soubs les s^rs^ Langlet et Vangeon professeurs. En laquelle année jaj esté tonsuré par Monsieur l'Evesque de Grace en l'église des Cordeliers de Pontoise.

1667. — J'aj commencé ma philosophie en l'année 1667 soubs Monsieur Rouillard professeur au collège de La Marche, à Paris aagé de dix-sept ans.

En laditte année 1667, le troisièsme novembre laditte Radegonde Lefebure, mon aieulle est deceddée. Elle est inhumée en l'allée pavée de la principale sortie de laditte Eglise St Maclou de Pontoise.

1668. — Me Denis Lefébure, mon oncle, prestre docteur de la maison de Sorbonne et curé de Nogent le Roy est deceddé en laditte ville de Nogent le quinze maj 1668. Il est inhumé dans le cœur à droitte en l'Eglise de St Sulpice de laditte ville.

1670. — Jaj commencé à estudier en droict en l'année 1670, jaj pris leçon de Mrs Doujat, Halé, des Bois et de Mesles.

1673. — Le vingt deux juillet 1673, jaj esté accordé avec Marie Mazière, fille de Jacques Mazière, officier de la chambre de Mong^r^ le Duc d'Orléans et de Marie Foubert ses père et mère.

Et le xj^e^ jour d'aoust suivant m^e^ Gabriel Lefébure, avocat en parlement mon grand oncle est deceddé. Il est inhumé en la chapelle de St Jean de l'église de St Mellon, de Pontoise.

Le troisiesme septembre de laditte année 1673, jaj esté marié avec laditte Marie Mazière en l'église de St Maclou par le sieur Soret curé.

1674. — Le 19 janvier 1674 jaj esté receu bachelier en l'escolle de droict de Paris et le troisième feuvrier de la mesme année 1674 jaj esté receu licencié.

Et le quinze mars de laditte année jaj ésté présenté au parlement de Paris au serment d'avocat par me de Montauban, célèbre avocat jaj este receu audit serment par Monsieur de Lamoignon premier président aiant esté examiné et mes lettres veues par Monsieur Talon, advocat général.

1675. — Marie Mazière ma femme est accouchée d'une fille le vingt trois janvier 1675, six heures du matin qui a esté baptizée le mesme jour en laditte Eglise de St Maclou et nommée Marie son parrain ledit Charle Le Maistre, mon père, sa mareine laditte Marie Foubert, mère de ma femme.

Le treize décembre de la mesme année 1675 en l'audiance de Monsieur le lieutenant de Pontoise, tous les juges de laditte ville assemblés jaj esté présenté au barrau par me Estienne Gruel advocat qui harangua, et monsr le procureur du Roy et moy pareillement.

1676. — Le quatorze maj 1676 dix heures du matin, laditte Marie Mazière, ma femme est accouchée d'un garçon qui a esté baptizé par Monsieur Bornat prestre curé de St Maclou et nommé Jean-Baptiste, son parain Simon Mazière marchand et sa mareine la seconde femme de mon père.

En laditte année 1676 au mois de novembre ledit Jean Baptiste mon fils est déceddé à Tombrel paroisse de Neuville obost, aagé de six mois et a esté inhumé en l'Eglise dudit Neuville obost près la sépulture des seigneurs de Tombrel.

1681. — Le neuf mai 1681 jaj rendu le baston de Saint-Maclou.

Le cinquiesme jour de juillet 1681 Son A S. Monseigneur le prince de Conti m'a donné en son hostel à Paris les provisions de la charge de bailly de l'Isle-Adam et le unziesme jour du mesme mois je fus à Versailles prester le serment entre les mains de sadite altesse et le vendredj suivant je fus à l'Isle-Adam me mettre en posession de laditte charge où je tins la première audiance après avoir harangué.

1683. — Le 17 mars 1683 Marie Mazière ma femme est accouchée d'une fille, sur les sept heures du matin, elle a estée baptizée le lendemain dix-huit par Monsieur Bornat, curé de St Maclou et nommée Louise son parain me Jean Cossart, avocat du Roy à Pontoise et sa mareine Louise Lefebure, ma cousine, fille de me Pierre Lefebure, docteur en médecine, mon oncle.

1684. — Le quatorze fewrier 1684, la R. M. Catherine Lefebure, ditte de St Thomas d'Acquin, religieuse aux annonciades de Gisors est déceddée après avoir passé quarante années de Religion avec un zèle et une piété singulière, elle estoit ma tante du costé maternel.

1685. — Le treize fewrier 1685 monseigneur le mareschal de

Crequj m'a donné en son chasteau de Marines les provisions de la charge de Prevost de Marines, bailly de Chars et autres justices unies et le vingt-deux du mesme mois je fus mis en posession de laditte charge et je tins la première audiance.

Le vingt et un aoust 1684 jai esté eslu prévost de la chapelle de la confrairie des clercs de Pontoise conjoinctement avec Messieurs Demontiers et Le Cousturier, chanoines de l'église de St Mellon et m[e] Jean Soret controolleur de la maison de la Reine, javois esté receu confrère en l'année 1683.

1685. — Le vendredj neuf novembre 1685 sur les dix heures du matin est déceddée à Fonteine bleau, très haut très puissant et très excellent prince Louis Armand de Bourbon, prince de Contj et prince du sang, aagé de 24 ans 7 mois 5 jours. Il estoit le prince le plus vertueux le plus prudent et le plus modéré de son siècle qui dans une si grande jeunesse avoit donné des marques d'un courage invincible au siège de Luxembourg aux Pays-Bas au siege de Neuhausel en Hongrie et dans la bataille qui s'est donnée contre les Turcs prez de Gran, lesquels furent obligés de lever le siége de cette ville. Jaj une obligation toute particullière de prier Dieu pour ce bon prince pour les grâces qu'il m'a faittes aprés m'avoir donné la charge de baillj de l'Isle-Adam en l'année 1681. Il estoit né le 4 avril 1661, marié le 16 janvier 1680.

Le second jour de décembre 1685 très haut et très puissant Prince François de Bourbon prince du sang cy-devant nommé Le Prince de la Roche sur Yon et à présent depuis le décès de son A. S. son frère nommé le Prince de Contj est venu prendre posession de la baronnie de l'Isle Adam, je fus au devant de luy accompagné des habitants de l'Isle Adam jusques au village de Méri où je lui fis compliment.

1686. — Le neuf mai 1686 le Roj m'a accordé les provisions de la charge de son conseiller eslu grenetier et controolleur en l'eslection et grenier à sel de Pontoise.

1686. — Le quinziesme du mesme mois jaj esté receu en cette charge en la première chambre de la cour des Ajdes de Paris par monsieur le Président Le Camus, et le dix-huict jaj fait lire mes provisions en l'auditoire de Pontoise.

Le jeudi 30 maj en suivant, jaj donné audiance pour la première fois et le premier juin jaj esté à la gabelle.

1687. — Le mardj quatre fewrier 1687 sur les cinq heures du soir est déceddée en son hostel à Paris messire François sire de Créqui, mareschal de France, gouverneur de Loraine et de la province de Luxembourg, aagé de cinquante sept ans. C'estoit le plus grand homme de guerre et le meilleur commendant qui fust alors en France. Je luy ai une obligation toutte particullière pour les graces qu'il m'a faittes et les bontés qu'il m'a témoignées après m'avoir donné la charge de prévost de Marines et bailli de Chars et autres justices en despendantes.

Le premier jour de novembre 1687 Monsieur Soret, curé de St Maclou, m'a apporté le St Viaticque, le neuf *(sic)* de ma maladie. J'ai relevé le 24.

1690. — Le lundi treize novembre 1690 Marie Le Maistre ma fille est déceddée à cinq heures du soir le unziesme jour d'une fièvre continue aagée de quinze ans neuf mois dix neuf jours après avoir receu ses sacrements; elle fust inhumée le lendemain de son deceds dans l'église de St Maclou de Pontoise, vis à vis la chapelle de Ste Magdelaine. Sa piété et sa soumission respectueuse nous la fairont regretter jusques à la mort *Consummata in brevi Explevit tempora multa.*

1691. — Le second janvier 1691 jai acquis ma maison de messieurs Cousturier que j'ai fait presques entièrement réédiffier de neuf.

Le quinze mars 1691 l'Eslection particullière de Pontoise a esté supprimée par édit de sa Majesté de sorte que ma charge d'eslu grenettier en laditte eslection se trouvant supprimée j'ai acquis l'office de Lieutenant civil et criminel en l'eslection en chef que le Roy avoit créé par le mesme édit en laditte ville de Pontoise.

Le Roi m'a accordé les provisions de laditte charge de Lieutenant le dix neuf octobre 1691.

Jai esté reçu audit office en la cour des Ajdes de Paris le vingt six dudit mois d'octobre.

Et le vingt-neuf du mesme mois 1691 jai este installé par Monsieur de Lessewille, conseiller de la cour des Aides qui est venu à cette fin à Pontoise en exécution de mon arrest de reception où je fus installé par luy comme estant le premier officier de l'eslection qui en faisoit l'establissement.

Le quattre décembre 1691 jai installé Monsieur Seigneur en la charge de Président de l'Eslection ; Monsieur Thevenet fust installé procureur du Roy le mesme jour.

1696. — Le douze mars 1696 monsieur de Crossy Colbert m'a nommé administrateur perpétuel de l'hospital des pauvres renfermés de Pontoise.

Au mois d'aoust Monseigneur le Cardinal de Bouillon me manda pour m'avertir qu'il voulloit me nommer premier Eschevin, il eust la bonté de me décharger de cet office à la très humble prière que je luy fis et me fit l'honneur de témoigner par sa lettre qu'il envoia le jour de l'assemblée en l'hostel de ville qu'il avoit résolu de me faire premier eschevin, mais que laiant supplié de m'en dispenser il avoit bien voullu pour me faire grace en nommer un autre.

Le vingt trois aoûst 1696 le Roy m'a accordé des provisions de l'office de grenetier au grenier à sel de Pontoise où j'ai esté installé le quattre septembre suivant.

Le 30 dudit mois de septembre 1696 jai esté nommé premier marguillier de l'Eglise de St Maclou de Pontoise, ma paroisse.

1698. — Le 2 maj 1698 jaj esté à la teste de tous les habitants de l'Isle-Adam à cheval saluer madame la princesse de Conti et estants arrivez à Merj je descendis de cheval pour lui faire compliment au nom des habitants auquel elle répondit favorablement.

Le 4 juillet 1698 jai rendu le baston de St Maclou.

Le 2 maj 1699 Charle Le Maistre mon père est déceddé à 4 heures après midi aagé de quattre vingts ans et demi après avoir receu ses sacrements et s'estre disposé à la mort avec beaucoup de piété et de confiance en la miséricorde de Dieu. Il avoit des dispositions de corps et d'esprit admirables, aiant toujours eu un jugement parfait dans son extrême vieillesse. Il est inhumé auprès de ma mère au milieu du principal portail de l'Eglise de St Maclou de Pontoise sous les pieds de la Saincte Vierge où j'ai fait placer une tombe neuve.

1701. — Le vingt neuf octobre 1701 Monsieur Phelypeaux, conseiller d'Estat, intendant de la Généralité de Paris m'a fait l'honneur de me choisir pour son subdélégué en l'eslection de Pontoise dont j'ai exercé les fonctions en conséquence de sa commission.

1703. — Le dix neuf novembre 1703 Louise Le Maistre ma fille a esté mariée avec le sieur Jean Baptiste Oudaille, conseiller du Roy, receveur au grenier à sel de Pontoise en la chapelle de la vierge de l'Eglise de St Maclou de Pontoise par Monsieur Lefébure prestre chanoine de St Mellon mon cousin germain en présence de Monsieur Soret, curé de St Maclou.

1704. — Le 18 novembre 1704, le sieur Oudaille mon gendre est déceddé à sept heures du matin. Il a esté inhumé en l'église de St Maclou de Pontoise vis à vis la chapelle de Notre-Dame de Pitié, le lendemain 19 novembre, le mesme jour qu'il avoit esté marié une année auparavant. Louise Le Maistre ma fille et sa veuve lors aagée de vingt et un ans estoit au temps du déceds de son marj grosse de sept mois.

1705. — Le 13 janvier 1705 Louise Le Maistre ma fille, veuve du sieur Oudaille est accouchée d'une fille posthume qui a este baptisée le lendemain quatorze dudit mois de janvier par Monsieur Soret, curé de l'Eglise de St Maclou de Pontoise et nommée Marie Louise par Mlle Marie Oudaille sa tante femme du sieur Favée, conseiller du Roy eslu en l'eslection de Pontoise. J'aj esté son parain et esleu son tuteur par acte du 31 janvier 1705.

Le 23 janvier 1705 de l'agrément de Monseigneur de Chamillart, controlleur général des finances jaj esté instalé receveur au grenier à sel de Pontoise par Monsieur de Blair, fermier général. J'ai en conséquence continué l'exercice de lad[te] recepte.

1707. — Le dix sept novembre 1707 Louise Le Maistre ma fille a esté accordée avec Monsieur Demonthiers seigneur du Fay, fils aîné de messire Pierre Demonthiers, chevallier, lieutenant général au baillage de Pontoise, commissaire général de l'hostel roial des Invalides.

1708. — Le 17 janvier 1708 la bénédiction de leur mariage a esté faicte en l'Eglise de St-Maclou par messire Jacques Demonthiers. Ledit sieur du Fay aiant esté receu le jour d'auparavant en l'office de Conseiller du Roy, lieutenant particulier, assesseur civil et criminel, commissaire enquesteur et examinateur au baillage de Pontoise.

1714. — Le 14 mars 1714 jai esté à Senlis avec Monsieur du Fay mon gendre où il a esté receu en l'office de Président Lieutenant général civil et criminel de Pontoise le seize dudit mois et le 23 du mesme mois il a esté installé à Pontoise auxd[ts] offices.

Le vingt avril 1714 Marie Mazière ma chère épouse est déceddée aagée de soixante sept ans et huict mois, après avoir esté unis et avoir vescu ensemble l'espace de quarente ans et sept mois et après plus de quarente jours de maladie et avoir receu ses sacrements avec une piété admirable. Je ne puis jamais assez regretter une épouze si vertueuse qui m'aimoit avec tendresse et à laquelle jaj des obligations infinies. Elle est inhumée vis à vis la chapelle de Notre Dame de Pitié dans l'Eglise de St Maclou de Pontoise.

1717. — Le 16 aoust 1717 jaj este nommé premier Eschevin de la ville de Pontoise par Monseigneur le Duc Dalbret, seigneur engagiste de la ville et jaj exercé cette charge avec Messieurs Fredin nottaire et Chaulin, marchand, mes collègues nommez par les habitants.

Le 21 juillet 1720 le Parlement de Paris composé de touttes les chambres a esté envoié à Pontoise pour rendre la justice. Le palais a esté establi dans le couvent des Cordeliers où touttes les chambres se sont plusieurs fois assembléez : la messe rouge a esté célébrée dans l'Eglise des Cordeliers le 25 novembre 1720 ou messieurs les Présidents au mortier messieurs les gens du Roy et cent quattre vingt conseillers ont assisté.

Le 4 décembre 1720 la déclaration du Roy pour la Constitution a esté enregistrée au Parlement et le dix-sept dud[t] mois le Roy a envoié une déclaration pour le retour dud[t] Parlement à Paris, qui a esté leue et enregistrée ledit jour dans la grande chambre aux Cordeliers, ainsi le parlement est resté cinq mois à Pontoise.

Le 21 maj 1721 Marie-Louise Oudaille ma petitte fille a esté accordée avec Monsieur Titon, conseiller au parlement de Paris et le 23 du mesme mois son contract de mariage a esté passé devant m[e] Savallet, notaire au Chastelet de Paris et le seize juin 1721, m[r] Titon, chanoine regullier, prieur de Dourdan a fait la benediction de leur mariage dans l'Eglise de St Pierre de Pontoise. (1)

De la main de Madame de Monthiers fille de Me J. B. Le Maistre

Le(2) (sic); *Madame Titon ma fille este accouché d'un fils elle nete grosse que de cept mois ille a etée nosmée jean batiste maque si millien Madame Titon Duplessij a etée sa mareine et le s[r] nenpte son parein il est mort deux heures après son baptême.*

Le 22 may 1722 m[r] Jean Baptiste le maitre est mort dans sa maison de Pontoise d'une paralisie apoplequetique après trois semaines de maladie, il est mort à cinq heures du matin agé de soixante et douse ans, et huict jours, et après avoir reçu tous les sacrements et s'être préparé à la mort d'une façon qui a donné bien de la consolation à sa famille, il a travaillé toute sa vie avec un désinteressement qui est seul capable de faire l'éloge de sa vie, il étoit le père du peuple, ce chargeoit aussy volontiers et travailloit avec le même zèle, aux affaires des pauvres qu'à celles des riches, il est mort revetu de plusieurs charges qu'il a toujours fait avec eloge, il etoit très habile et la preuve de sa probité est qu'il a été regretté generalement de tout le pays auquel il etoit necessaire étant charmé de rendre service, il etoit bon père, bon juge et bon ami, et est mort dans de beaux sentiments et en véritable et parfait chrétien.

(1) Ici s'arrête le journal écrit par J.-B. Le Maistre. Les mentions qui suivent et que nous reproduisons en italiques sont entièrement écrites de la main de sa fille, Madame de Monthiers; sauf, toutefois, celle du 22 mai 1722 qui est l'œuvre d'un personnage ami de la maison, dont le nom ne nous est pas révélé.

(2) L'omission de la date se trouve réparée dans le *Journal de Jean de St-Denis* (Mémoires de la Société historique de Pontoise et du Vexin, T. IV, p. 63), par la mention suivante: Le 3 mars 1722 Madame Titon fille de Madame Dufay (lisez De Monthiers du Fay) est accouchée à Toury, qui est une petite ville à 12 lieues d'Orléans, d'un garçon qui a esté baptisé et est décédé une heure après.

— *Le 14 feverier 1723 Madame Titon ma fille este a couschée dunne fille Don Monsieur Deplessij père de Monsieur titon a etée son parein et moy sa mareine je let nosmée Maarie-Louise.*

Le 11 maij Madame titon ma fille a heut unne fosse couche.

Le 15 maij 1724 Marie Louise Titon ma petite fille est desedee a unne heure appre midi lesse esse perense quel Donnee et la parfaite Resemblanse quel avée De son cher pere nous afé feire unne perte en elle qui nous cosse bien Delarme elle este inhusmée Denleglisse De St Pierre le 16 Dudit mois Den la chappelle De la St Vierge ou je soiste estre entere au près Delle et prie Dieu que par le sacriffisse quille de mende De moij Davoir prise a luis unne petiste fille qui ma donnée Des preuve Damitier au de ceu De sonnage me Donne lesse perence que puisse que Le seingneur a nafeste un ange quelle oppetiendra aupres de lui quil me fera misse héricorde et quil me pardonnera mes pechée éten née fille de S^t^ quil me donnera son S^t^ paradis.

— *Le 12 aous 1725 Madame titon ma fille este a couschée Dun fils qui a etée teneue sur Les fond De battesme de St Louis dans Lisle a paris son parein mesir Pierre Demonthiers, lieutenen général de Pontoise mon marij et sa mareine Madame titon Duplessij et pouse de Monsieur titon maistre Des Compte De paris et sa grande mère, ille a etée nosmée jean battiste maximillien pierre.*

— *Le 20 janvier 1727 M^d^ titon, ma fille este a couschée Dunne fille teneu par Monsieur oudaille, seingneur de Villautrand, oncle de ma fille et la Marain Madame La Conteste De la selle qui leur aves Donnee Le non du parein Nicole.*

La petit fille est morte 3 semeine appres chez sa nosrisse a Lieux et a etée ynumée a la porte De la chappel de M^d^ Lebel a la paroisse De lieux.

— *Le 13 oc 1743 mesir Pr Demonthiers, mon mari est desedet a Villautrand ou il a etée entesré.*

— *Le 20 septembre 1748 m^e^ Titon ma fille est desedet à paris après une maladie de 9 mois* (1).

(1) Après cette dernière mention, Madame de Monthiers fille de J.-B. Le Maistre cesse d'écrire et il n'y a plus sur le journal que des feuilles blanches.

De la main de M. J. B. Le Maistre

Memoire de ce que j'ai receu pour la succession de Madame la veuve Simon Mazière (1).

du 6 juin *1699* receu de Louis Barthélemy de Marines 20 # dont acquit.

du 3 juillet *1699* receu de françois Chouquet de Berville 8 # dont acquit.

du mesme jour receu de la veuve Simon loriot 4 # dont acquit.

du *7 juillet 1699* receu de Monsieur Durant 310 # dont acquit.

du *28 octobre* 1699 receu pour albert 20 # de philippe doremus de marines.

jai rendu comte et payé le contenu cy dessus.

du 18 décembre 1700 jai paié à Monsr Charles Gouy deux cens onze livres pour les héritiers de feu Madame la veuve simon mazière pour restant dun billet de 891 # qui luy estoit deub par lad^{te} dame Mazière laquelle somme jaj paiee tant des deniers que javois receut pour les dis herittiers de Monsieur Durant que de Madem^{elle} thérèze Mazière dont jaj donné ma reconnoissance le 23 decembre aud^{t} an mes quittances que jaj donneez a Monsieur ~~Durant~~ me doivent estre rendues parce que jaj comte de tout ce que jaj receu pour les d^{ts} herittiers.

(1) Sur le dernier folio de son livre de compte et de raison J.-B. Le Maistre a consacré quelques lignes, entre 1699 et 1700, à des comptes concernant la succession de Madame veuve Simon Mazière. Nous les rapportons ici à titre de renseignements.

Extrait des *Mémoires de la Société Historique et Archéologique de Pontoise et du Vexin*

Tome XVI, pages 97 à 106

Pontoise. — Imp. Lucien Pâris

www.ingramcontent.com/pod-product-compliance
Ingram Content Group UK Ltd.
Pitfield, Milton Keynes, MK11 3LW, UK
UKHW021631260726
13994UKWH00003B/1167

9 782329 3906